I0171824

9 781736 129166

مسلخ خاک

گپی با سنگ صبور در سرشت آدمی و در سوک آدمیت

بزبان قصه و سروده

از: عطا معتدل

ماخذ

گویند نگارش از سنگینی بار تنهایی می کاهد
مهر سکوت بر لب تنها را می شکند ، من هم
در خلوت غربت خود قلم را بیاری گرفتم که با
گذشت زمان جُنگی ساخت ، که مطالب این
مجموعه گزینشی از آنست .

یک سیب افتاد

که جهان از قانون جاذبه باخبر شد
میلیونها جسد افتاد
ولی بشر معنی انسانیت را درک نکرد

چارلی چاپلین

مسلخ خاک

چه دنیایی ؟!! چه دنیایی ؟!!
ز حرص و آز و خود خواهی
به هر سو بنگری جنگ است ، آشوبست غوغایی
صف آواره ها در هر گذرگاهی
شکسته گوهر عزت
گدای جرعه آبی ، لقمه نانی ، سقف و ماوایی
چه دنیایی ؟!!
تو گویی آدمیت مرده ، از آن نیست جز نامی
نه شرمی از گناهی ، نی ز جور و ظلم پروایی

جوانان مسخ از تبلیغ، خون بازند و خون ریزند
و پیر و کودکان در دخمه ویرانه ها بی یاور و مادر
ز سختی، ختم هستی ؛ آرزو دارند .

از این آشفتگی بیداد رندی از خراباتی ندا سر داد
بیا . . . بیا باهم
فلك را سقف بشکافیم و طرحی نو در اندازیم *
به آب زمزم و کوثر ، تش دوزخ بخوابانیم
بهشت عرش را برمسلخ این فرش اندازیم
بل لختی بیاساییم
گل افشانیم و می در ساغر اندازیم
بیا . . . بیا

---

*حافظ

فهرست مطالب

دفترچه اول   در مهر و یاری:

گوشواره

من و فرانسوا دوست زمان کودکی هم بودیم که بعد از پایان تحصیل ازدواج و زندگـی مشـترکمان آغـاز شـد. مـا بـا هـم بـه کودکسـتان دبسـتان و دبیرسـتان دهکـده در حومـه شـهر بـردو فرانسـه رفتـه و بـا هـم نیـز هـم زمـان وارد یـک دانشـگاه شـدیم. کـه مـن بـه دانشـکده پزشـکی و او بـه دانشـکده فنـی رفت.

گرچه همانند گذشته در محوطه دانشگاه هرروز همدیگر را نمی‌دیدیم ولی درروزهای نادرآفتابی آن دیار هرازگاهی با هم نهارخورده و تجدید خاطره می‌کردیم ازکودکستان می‌گفتیم که روی یک میز نقاشی و از دبستان که در راه خانه در لابلای داربست های مو پنهان و به دنبال هم می‌گشتیم، از دوره دبیرستان که در جمع دوستان به ورزش و شنا می‌گذشت و یا به خانواده کشاورز خود در مواردی چون چیدن انگور و یا پا کوبی برای آبگیری آن یاری می‌دادیم.

پدربـزرگ هـر دوی مـا از باغـداران مـو در ایتالیـا بودنـد کـه بـه فرانسـه مهاجـرت و همـان حرفـه شـراب سـازی خـود را دنبـال کردنـد. حرفه‌ای کـه بـه چنـد نسـل بعـد آن هـا نیـز منتقـل شـد. یـادآوری پـاره‌ای از مراسـم نیـز شـیرین بـود، چـون حیله‌هایـی کـه بـه کار می‌بردیـم تـا بـه هنگام خوانـدن آوازهـای مذهبـی کلیسـا در کنـار هـم قـرار گیریـم و یا در جشن خرمن مدام با هم برقصیم و امکان ندهیم که

کسی ما را به رقص دعوت و از هم جدا سازد.

در تمام آن ایام هر دو شور عشقی در دل و سر داشتیم. تلاقی نگاه گرمای مطبوعی را در کالبد ما می‌دواند که برپایه تعالیم کلیسا حتی در دوره دانشجویی سعی بر آن داشتیم که از شناخت آن احساس پرهیز کنیم تا گناهی مرتکب نشویم. ناخودآگاه روی هرمیزی که می‌نشستیم دستان ما بسوی هم کشیده می‌شدند اما سعی می‌کردیم در فاصله آنها را متوقف سازیم تا تماسی پیش نیاید، که گنه آلوده شوند. یاد دارم سالی از ازدواج ما نگذشته بود که فرانسوا را برای رفع اشکالی به کارگاهی دعوت می‌کنند که همزمان با ورودش انفجاری او و چند کارگر را به هلاکت می‌رساند و غم سنگینی را بر دل من می‌نشاند.

غمی که به نظر دوست روانشناسی تنها راه تسکین آن این بود از خانه و شهری که هر کوچه، خیابان، فروشگاه و رستورانش خاطره‌ای از فرانسوا را برایم زنده می‌کرد فاصله گیرم. راه بیمارستانم به خانه کوتاه بود که هر روزه آن را پیاده طی می‌کردم. آن مسیر از کنار تاکستان‌ها می‌گذشت به هرسوکه نگاه می‌کردم مرا به یاد ایامی می‌انداخت که با هم کلاسی‌ها و فرانسوا بازی کنان آنها را میان بر می‌زدیم تا زودتر به خانه برسیم و با آن خاطرات غم‌انگیز ایام گذشته هر شب به رختخواب پناه می‌بردم.

بی‌خوابی‌های مکرر داشت مرا از پا می‌انداخت که به دنبال توصیه‌ی دوستی روانشناس برای دو سالی شغل پزشک درمانگاه

نوسازی را در روستایی کوهستانی در ایران پذیرا شدم.
به هنگام تخلیه خانه اجاره‌ای، مادرم گفت که لباس‌های فرانسوا را به خیریه هدیه کنم. هرلباس اورا که برمی‌داشتم تا دربسته هدیه بگذارم مدتی آن را به سینه فشرده وتلاش می‌کردم به یاد آورم چه زمانی و در کجا آنرا پوشیده بود.دربین لباس‌ها کت تیره رنگی یافتم که فرانسوا برای جشن پایان تحصیلی دبیرستان خریده و به تن داشت. مدتی آن را پوشیدم، دستانم را در همان جیب‌هایی که دست او را لمس کرده بودند پنهان و با فشاری ملایم سعی داشتم بدنه کت را بیشتر بر سرشانه و سینه‌های خود حس تا تصور کنم او در قید حیات و مرا تنگ در آغوش گرفته است. در یکی از جیب‌های آن کت لنگه گوشواره بدلی خود را یافتم.
گوشواره ای‌که چند سال پیش به هنگام رفتن به جشن پایان تحصیلی دبیرستان گم کرده بودم و یکی دو ماه بعد پدر فرانسوا به هنگام تمیزی ماشین خود که آن شب به او قرض داده بود آن را پیدا و به فرانسوا تنها سرنشین دیگر آن اتومبیل می‌دهد و او هم خواست آن را به من برساند که گفتم نیازی نیست، آن را به دور انداز جفت دیگرش را هم نمی‌دانم چه کرده‌ام. گویا او آن را به یاد آن شب مهتابی که در پایان جشن مدت‌ها در سکوت ودر فاصله با هم قدم زدیم در جیب همان کت که هنوز نو به نظر می‌رسید حفظ کرده بود. آن گوشواره را بعد اطمینان از چفت و

بستش با دقت به گوش انداختم و به تخلیه خانه ادامه دادم .

از سازمان بهداشت ایران به من توصیه شده بود که چون قسمتی از راه رسیدن به روستای محل کارم را باید با اسب طی کنم حوایج راه و اقامت دو سه روزه دوره آشنایی در تهران را در ساکی دستی قرار دهم و بقیه بارم را یکی دو هفته ای قبل از حرکت با پست هوایی به آدرس آنها بفرستم تا خود آن را به آن روستا برسانند.چمدانی برداشتم، آن را باز و چند پوشاک مناسب با هوای سرد کوهستان را بی‌حوصله و عجولانه از قفسه لباس‌ها انتخاب و بدون تا کردن به داخلش انداختم. ناگهان چشمم به پیراهن ابریشمین آبی رنگ و بلندی افتاد که آخرین هدیه فرانسوا بود. با آن که پیش‌بینی می‌کردم موقعیتی برای پوشیدن آن پیش نخواهد آمد، آن را هم به لباس‌های چمدان افزودم. در چمدانی دیگر کتاب، لوازم بهداشتی، چند جفت کفش و غیرو را گذاشته و آن دو چمدان را به پست سپردم. چندی بعد با ساک دستی و با قطار رهسپار فرودگاه بین‌المللی پاریس برای رفتن به تهران شدم. در مقصد وقتی که دل گرفته ودرگیر افکاری درهم از هواپیما پیاده شدم بانو را منتظر خود یافتم. او خانمی میان‌سال و پرستاری با تجربه از اهالی دهی بود که می‌بایست در آن‌جا به طبابت پردازم. حدس می‌زدم علت انتخاب او برای همیاری با من آشنایی با آداب و رسوم مردم آن روستا و نیز تسلط به زبان انگلیسی بود که در پس دوره تخصصی درکانادا آن را به کمال

آموخته بود.

بانو که بعد دانستم نامش در اصل گل بانوست نیز با مطالعه سوابق و عکسم در مدارک ارسالی به سازمان بهداشت توانست به سهولت مرا در بین مسافران آن پرواز که تعدادشان کم نبود بشناسد. او مرا به هتلی که از قبل در آن اطاقی برایم گرفته شده بود رساند و به هنگام خداحافظی شماره تلفن تهران خود را به من داد تا اگر نیازی در آن شب پیش آید با او تماس گیرم و اضافه کرد که ساعت نه صبح فردا خواهد آمد. تا مرا به سازمان بهداشت برای آشنایی با مسئولان و شروع دوره دو سه روزه شناخت بیماری‌های شایع در منطقه برساند. روز بعد نیز در راه رفتن به سازمان یادآور شد که عصر همان روز به آن ده خواهد رفت ،تا تجهیزات درمانگاه را که از قبل به آنجا ارسال شده است در مکان‌های لازم بگذارد و آن محل را برای خدمات درمانی آماده سازد. ضمنا به من اطمینان داد که در ایستگاه قطار نیز در نزدیکی ده محل کارمان به استقبالم خواهد آمد. او چند هفته‌ای بود که شوهر معلم دبستان و دو فرزندش را در آن ده مستقر کرده بود .

در پایان دوره آشنایی در سازمان بهداشت کارمندی از آن مرا به ایستگاه راه‌آهن واطاقکی که صندلی من در آن قرار داشت رساند. در آنجا با زن و مردی همسفر شدم که آن مامور مرا به آن‌ها معرفی و در جملاتش وقتی نام ایستگاهی را که باید در آن پیاده

می‌شدم آورد دانستم که ازآنها می‌خواهد رسیدن قطار به آن ایستگاه را به من اطلاع دهند. آنها زوج با محبتی بودند و هرگاه که خوراکی از ساک سفر خود برمی‌داشتند ،چون با زبان من آشنایی نداشتند به کمک اشارات و به اصرار مرا هم به خوردن آن دعوت می‌کردند. باید بگویم در چند روزی که در ایران بودم شیفته مهمان‌نوازی این قوم شده و احساس غربت را اندک اندک از یاد می‌بردم. وقتی به ایستگاه مورد نظر رسیدیم، آن مرد همسفر ساک کوچک مرا که وزنی هم نداشت تا سکوی ایستگاه رساند و چون مدت توقف قطار در آن ایستگاه کوچک بسیار کوتاه بود با عجله و با جملاتی که احتمال می‌دهم در آن ایام خوشی را برایم آرزو می‌کرد خداحافظی و به قطار برگشت.

دو مسافری هم که همراه من از قطار پیاده شدند وارد جاده هموار و خاکی جنب اطاقک کوچک ایستگاه شده و به سمت جنوب رفتند. مسئول سالمند ایستگاه هم از اطاقک خود به کنار قطار آمد دستی برای لوکوموتیو ران که سر را از پنجره بیرون آورده بود به علامت این که خطری مسافری را تهدید نمی‌کند تکان داد، قطار به حرکت درآمدوچندی بعد ناپدید و مامورایستگاه هم به دفتر خود برگشت. در ایستگاه ازبانو اثری نبود و در سکوی آن در محاصره کوه‌های سربه فلک کشیده و هراس‌انگیز تنها کسی بودم که بر جای ماندم. با خود گفتم نکند در ایستگاهی پیاده شده‌ام که ایستگاه ده محل کارم نیست. در سکوت سنگین

آنجـا داشـت دلهـره بـر وجـودم غلبـه مـی‌کـرد کـه از باریکـه راهـی در شـکاف صخره‌هـا در شـمال ایسـتگاه سـواری همـراه بـا اسـبی بـدون سرنشین هویدا وشتاب‌زده از ریل گذشت و به سویم آمد

سـریعا از اسـب پیـاده شـد و سـر بـه زیـر مثـل آدمهـای خجالتـی در فاصلـه از مـن ایسـتاد دسـتش را دراز و یادداشـتی بـه مـن داد. یاداشت از بانـو بـود کـه در آن نوشـته بـود، ژانـت هم‌زمـان بـا حرکتـم بـه سـوی ایسـتگاه، کودکـی را بـا پیشـانی شکسـته بـه درمانگاه آوردنـد کـه لازم شـد بمانـم و بـه او برسـم، لـذا بـا دادن مشـخصات تـو بـه مـراد، او را بـه دنبالـت می‌فرسـتم تـا تـو را بـه ده برسـاند. مـراد شـبانی اسـتکه بـا غـلام پـدرش دراطاقـک بـالای آسـیاب آبـی درهمسـایگی درمانگاه زندگی می‌کنـد. پـدر و پسـرهر دو از معتمدیـن روسـتای مـا هسـتند. بـرای پیـک در آن ایسـتگاه آسـان بـود کـه مـرا بـا قیافـه‌ای متفـاوت، قـدی بلنـد، مویـی کوتـاه و طلایـی کـه تنهـا در سـکو بـه انتظـار ایسـتاده بشناسـد وبـه خاطـر آن شـناخت بـود کـه بـه سـرعت بـه سـوی مـن تاخت.

پیـک، جوانـی ورزیـده بـا سـینه‌ای فـراخ، شـانه‌هایی پهـن در لبـاس کوه‌نشـینان بـود کـه کلاهـی پشـمین برسـرداشـت، کـت بلنـدی شلوارگشـاد و سـیاهش را تـا زانـو می‌پوشـاند.کفش اوهـم بـه شـکل جورابـی پشـمین بـود کـه بـه زیـرآن کفـی از چـرم کلفـت بـا نـوک تیزوبـه سـوی بالاچسـبانده ویـا دوختـه باشـند. صورتـش را بـا آن سـرخمیده کامـل نمی‌دیـدم. امـا هیـکل او شـباهتی بـه فرانسـوا داشـت

که اوهم به خاطر کار در تاکستان قوی بار آمده بود. وقتی شانه بشانه اوبه سوی اسب‌ها می‌رفتیم، در قیاس با قد خود در کنار فرانسوا دریافتم که قد او نیز در حد فرانسوا است. به خود گفتم این شدت علاقه و شیفتگی به فرانسوا ست که هرجوان نزدیک به سن و سال او را می‌بینم تصور می‌کنم که اوست تا به خود تلقین کنم که در قید حیاتست. مراد در سوار شدن بر اسب کمکی نکرد. که به سختی سوار و بعد سوار شدنم او ساکم را در پشت اسب خود قرار داد و بست و مرا به سمت همان جاده‌ای که از آن آمده بود هدایت نمود.

آن جاده کم عرض و پر پیچ و خم چون نواری در لابلای صخره‌ها از دامنه کوهسار به سوی بالا می‌رفت. دو سمت آن را گل‌های رنگارنگ وحشی، بوته خاردار تمشک با میوه‌های کوچک قرمز پوشانده بودند. نسیمی ملایم، نوازشگر و مطبوع در آن نیم‌روز بهاری مرا به یاد لحظات کوتاه و شیرین دوران ازدواجم با فرانسوا می‌انداخت.

در دل با خود می‌گفتم که چرا شهامت به خرج نداده و تعالیم مذهبی کلیسا را نادیده نگرفتم و در اواخر دبیرستان که برق محبت و تمنا در دیدگان فرانسوا موج میزد ، پرده احساس خود را به کناری نزده وآن را عیان نساختم.

ژانت بعد از مرگ فرانسوا نه تنها به کلیسا، به کائنات نیز بدبین

و به دنبال یافت پاسخ به این پرسش بود که به چه دلیلی کشیش ها به خود اجازه می‌دهندخط زندگی عامه را مشخص و نحوه روابط آنان را رقم زنند ومهم‌ترآنکه ازچیست که آنان توان این مداخله را نیز دارند. آیا واقعا نیرویی آسمانی، حامی و هادی آنان است؟ و یا درجه هوش ، بینش ، زیرگی و یا شناخت عمیق آنان از جامعه خود همراه با بیانی رسا و شیوا حربه‌ایست که با آن عامه را مسخ خود می‌کنند.ناگفته نماند هرگاه که در این کاوش به این نتیجه می‌رسم که تفاوت روحانیت با سایرین غیر از لباسی خاص و ابزاری چون صلیب و تسبیح چیز دیگری نیست احساس گناه می‌کنم، و به خاطر ترس ناشناختهای که باز توسط همان‌ها در ارواح و دل‌ها کاشته می‌شود سعی دارم به کمک اندیشیدن به موضوع دیگری از آن افکار گنه‌آلوده فاصله گیرم.

ارتباط عاشقانه توام با ترس از گناه بین من و فرانسوا مرا به یاد سرنوشت اسبی در زیر شلاق سورچی مستی دراثریکی از نویسندگان فرانسوی که مطمئن نیستم کدام یک ،امیل زولاویا قبل از او الفونس دولامارتین بوده است می‌اندازد که نیمه شبی مست در سرمای زمستان از میکدهای در پاریس بیرون آمد درشکهای را متوقف ساخت تا به خانه رسد. تلوتلو خوران و آهسته به طرف درشکه میرفت که حوصله سورچی سرآمد و از اوخواست سریعترحرکت و سوار درشکه شود او که حتی توان حرکت نداشت

نمی‌توانست نظر سورچی را تامین کند لذا سورچی به غرولند خود ادامه می‌داد و از کلمات شکسته و بریده‌اش معلوم بود که اوهم خسته، مست و خراب است و می‌خواهد زودتر به خانه وبه بسترگرمش رسد. نویسنده بزحمت سوار درشکه می‌شود وسورچی با ضربات مکررشلاق برتن عرق کرده اسب که تمام روز برسنگفرش خیابان های آن روزپاریس مسافرکشی کرده بود میخواست که سریع‌تر دود.اسب زبان بسته و در بند نیز با ته مانده تمام توان خود می‌دویداما ضربات شلاق قطع نمی‌شد. نویسنده که بر صندلی درشکه به این سوو آن سو پرت می‌شد با شنیدن صدای برخاسته از ضربه هر شلاق بر تن لخت اسب تمام وجودش می‌لرزید و می اندیشید که این چه قانون وحشتناک طبیعت است که اسیر می‌کند حیوانی را در دست انسانی، آن هم مست !!!؟

در آن جاده ناهموار و در آن سکوت خواب‌آور کهسار ناگهان رشته افکارم باچند حرکت هیجانی اسب بریده شد و به خود آمده دیدم که شاخه‌ای از بوته تمشکی کنده شده و به شلوارجین من آویخته است و گه‌گاه که به پای اسب برمیخورد اوبا جست وخیز سعی دارد که از شرتیغ آن راحت شود. حرکات اسبم توجه مراد را نیزجلب کرد. اوآن شاخه را با آنکه می‌توانست به راحتی وبسرعت با دست جدا سازد تلاش می‌کرد باچوب دستش بیاندازد. در دل گفتم شاید نمی‌خواهد سر انگشتش با پای من حتی از روی

شلوار جین تماس گیرد. حدسم درست بود چه بعد بانو آن را تائید و عدم کمک او به هنگام سوار شدنم را نیز بر اسب ناشی از پرهیز تماس دست مردی نامحرم بر بدن زنی غریبه می‌دانست که در تعالیم مذهبی گناه به حساب می‌آمد .

تکان‌های اسب بر زینی غیر چرمی از نمد با پوشش گونی آزارم می‌داد و هر چه سعی کردم که به کمک اشارات دست و سر فاصله مانده تا مقصد را از پیک جویا شوم تا بدانم تا چه مدت دیگری باید آن درد را تحمل کنم با چهره بهت‌زده او روبرو و پاسخی نمی‌گرفتم.

همان چهره‌ای که هرگاه گذرا رو در رویم قرار می گرفت از شدت شرم سرخ می‌شد.بالاخره بعد ساعتی به ارتفاعی رسیدیم که سواد دهکده، خانه‌های چوبین پنهان در بین شاخه درختان و دود برخاسته از تنورهای نان‌پزی دیده می‌شدند.

برای آن که به هنگام ورود به ده آثار خستگی را پنهان سازم در فاصله ایکه ایستادیم تا اسب‌ها از چشمه رفع تشنگی کنند از اسب پیاده واز همان چشمه ای که اطرافش را گل‌های وحشی رنگارنگی پوشانده بود چند مشت آب به صورت زدم و با یکی دوشاخه ای از همآن گل‌ها به طرف مراد که منتظر بود تا اسبش به نوشیدن آب خاتمه دهد رفتم و با نشان دادن شاخه‌ها اسم محلی آنها را جویا شدم که خوشبختانه این بار منظورم را فهمید و از اسمی نام برد. اینجا بود که صورت آفتاب زده‌اش را از نزدیک

دیدم که نشانی از جوانان ایتالیائی چون فرانسوا داشت و در همین فاصله بود که نگاه ما تلاقی کرد، دیدم که نگاهش نیزهمانند نگاه فرانسوا گیراست که به این خاطر ناخودآگاه آرزو میکردم این تلاقی به درازا کشد. وقتی سوار اسب خود شدم متوجه شدم او هنوز در کنار اسبش که سیرآب شده بود ایستاده و به همان جهتی که نگاهش را به چشمانم دوخته بود خیره و بی حرکت مانده است. آیا او در همین برخورد کوتاه فریفته زنی متفاوت از زنان ده با رایحه ناشناخته عطری مسحورکننده شده بود!؟ناگفته نماند منهم احساس می‌کردم تشابه او با فرانسوا آرامشی به من می‌بخشد.

بالاخره به ده رسیدیم. در برابر پلی که به صورت قوسی بر رودی خروشان قرارداشت بانو را همراه با مردی که ریش سیاه و سفیدی صورتش را پوشانده بود منتظر یافتم. ساختمان درمانگاه در پس آن رود با اندازه‌ای به مراتب بزرگتر از کلبه کوهنشینان و تابلویی که روی آن گویا نام درمانگاه نوشته شده بود دیده می‌شد. بانو به طرفم دوید و دستم را گرفت که از اسب پیاده شوم، با خوشحالی به من خیر مقدم گفت و آن مرد، غلام، را به من معرفی کرد. غلام هم هیکل و هم قد پسرش وبا آن که عمری از او گذشته بود هنوز سرحال و سالم چون مراد می نمود. به هنگامی که بانو از همسایگی غلام و مراد با درمانگاه می‌گفت با دنبال کردن جهت دست اوقسمتی از اطاقکی چوبی و سقفی از قطعات چوب

در پس صخره‌ای پنهان بود نظرم را جلب کرد. برعکس بانو، غلام به سردی با من روبرو شده بود. علت برخورد سرد او را بعداً از بانو پرسیدم. دانستم که اضافه بر اداره آسیاب ده ،بیماران را نیز با داروهای گیاهی که خواص آن‌ها را از پدرآموخته بود درمان می‌کرد وبا باز شدن درمانگاه ما را به چشم رقیب می‌نگرد. البته بانو برای تعدیل کدورتش آن هم درهمسایگی درمانگاه ،خانه خود ومسکن آتی من تنها ، کارباغبانی و حفاظت محوطه درمانگاه را به او سپرده بود تا ماهانه دستمزدی دریافت کند. من هم متعاقب اوگاهی ازغلام می‌خواستم در مو قع نهار دراطاقک کافه درمانگاه به ما بپیوندد و هرچه که داشتیم با او شریک می‌شدیم، ضمنا از او می‌خواستم ازخواص برگ گیاهان در درمان بیماران گوید و از این طریق احساس کند که به ارزش دانش او واقف و به آن اهمیت می‌دهیم و به صورتی او را همکار خود در درمانگاه می‌دانیم تا خوشبینی ورابطه صمیمانه‌تری بوجود آید. البته من هم از این فرصت با خاصیت گیاهان وداروهای گیاهی که درپی آن بودم آشنا می‌شدم. ناگفته نماند که ترجیح می‌دادم بانو به جای او مراد، پسرش را استخدام می‌کرد تا به یاد فرانسوا برخورد بیشتری با او داشته باشم. درباره غلام از بانو شنیده بودم که چند سالی است همسرش را از دست داده است ونوای نی اوکه بی‌تاست و در ده شهرتی بهم زده بود بعد فوت همسرش دیگر به

بگـوش کسـی نرسـید، منتهـی بـه جـای پـدر ،مـراد در هـر غـروب
کـه گوسـفندان را بـه ده برمی‌گردانـد نـی می‌نـوازد و غیـر از دختـران
جوانـی کـه از شـکاف در بـرای دیـدن او ، درانتظـار مانـده انـد دیگـران
نیزمشتاق شنیدن نوای نی او هستند.

در نزدیکـی همـان پـل چوبـی بانوخانـه دیگـری را بـه مـن نشـان داد
کـه مسـکن خانـواده اش بـود و می‌گفـت آنقـدر بـه تـو نزدیکیـم کـه
اگرصدایـم کنـی خواهـم شـنید ضمـن آن کـه بـا بی‌سـیمی نیـز بـا
هـم در ارتبـاط خواهیـم بـود کـه یـک گوشـی آن را در خانـه دارم و
گوشـی دیگـرش رابـه تومی‌سـپارم. در پـی گفتگـو بـا بانو، غـلام و مـراد
خداحافظـی کـرده، اسـب‌ها را برداشـتند، از پـل گذشـته و بـه سـوی
خانـه خـود رفتنـد درحالـی کـه نگاهـم آن‌هـا را تعقیـب میکـرد و مـراد
نیـز تـا آن جـا کـه از نظـر ناپدیـد شـد سـر را برگردانـده و بـه محلـی
کـه ایسـتاده بودیـم می‌نگریسـت.

بـه دنبـال رفتـن آنهـا مـن وبانو ازپـل وایـوان جلـوی درمانگاه کـه در آن
دو سـه نیمکت وچنـد میـز گذاشـته بودنـد گذشـته، وارد اطاق انتظار
بیمـاران شـدیم کـه ازپنجـره‌های وسـیعش ،پـل وخانـه روسـتائیان در
دامنـه کوهسـاری مـه گرفتـه و بـرج ژانـدارمـری برتپـه‌ای چـون تابلـوی
نقاشـی بـه نظـر می‌رسـید. راهرویـی اطـاق انتظـار را بـه اطـاق هـای
معاینـه، اطاقـک کافه کارمنـدان مجهـز بـه یخچـال و لـوازم سـاخت
قهـوه و دستشـویی‌ها مرتبـط می‌کـرد. درب دیگـری در همـان اطـاق
انتظـار بـه راهـروی کوتـاه دیگـری بـاز می‌شـد کـه انتهـای آن ورودی

محل سکونتم قرارداشت.

بعـد از گشـت دردرمانگاه بـا بانوکـه سـاکم را از دسـتم گرفتـه و حمـل
مـی‌کـرد بـه قسـمت سکونت خودرفتیم. درب ورودی آن بـه اطاق
نسـبتا وسیع ومبلـه‌ای بـاز می‌شـد کـه اضافه برمیزکوچک جلو مبلو
میزغذاخـوری، میـز تحریرکوچکی نیـز در برابر پنجره عریض آن بـه
چشـم می‌خوردکـه از آن پنجـره آسـیاب غـلام وکوه‌هـای سـربفلک
کشـیده پشـت آن دیـده می‌شـدند. ایـن اطـاق دری نیـز بـه حیـاط
خلـوت پشـتی داشـت. بانو سـاکم را بـه اطـاق کوچـک جنب اطاق
نشـیمن، اطـاق خـواب بـرد و روی دو چمدانـم کـه رسـیده بودنـد
گذاشـت و برگشـت و درب پسـتویی را بـاز کـرد کـه یخچالـی کوچک
اجـاق گاز وکشـو هـای پـر از وسـایل آشـپزی و غذاخـوری درآن قـرار
داشـت وگفت اگـر بخواهـی پرسـتار بچه‌هـا وکمکـم درمنـزل کـه از
کودکـی مسـتخدم خانـه ثروتمنـدان درتهران بـودو پخت غـذا حتـی
تعـدادی ازغذاهـای فرنگـی را نیزآموخته اسـت، می‌توانـد چند نوبـت
غـذای هفتـه‌ات را یکبـاره آمـاده ودریخچالـت بگـذارد، ضمنـا کارهـای
دیگـری نیـز چـون تعویض ملافه‌هـا، شسـتن لبـاس واتـوی آن‌هـا رانیز
بـه عهـده گیـرد. مـن هـم می‌توانـم مـواد غذایـی مـورد نظـرت را
بـر اسـاس لیسـتی کـه بـه مـن خواهـی داد همـراه مـواد غذایـی خـود
برایـت خریـداری کنـم.

بـا ایـن تدارکـی کـه بانـو برایـم فراهـم آورد تنهـا تهیـه صبحانـه برایـم
مانـده بـود و بـه خاطـر زندگـی در خاندانـی کشـاورز کـه همـراه طلـوع

خورشید از خواب بیدار می‌شوند من هم سحرخیز شده بودم هرروز صبحانـه‌ام را آمـاده وبعدصـرف آن، قهـوه‌ام را در ایـوان درمانگاه بـا تماشـای منظـره زیبـای ده وشـنیدن زمزمـه رود می‌نوشـیدم.

در پایان اولین هفتـه اقامتـم کدخـدا، مـن، بانـو و شـوهرش احمـد را بـه شـام دعـوت کـرد. تـک گوشـواره‌ام را بـا اکـراه از گـوش جـدا و حمامـی گرفتـم، لبـاس مناسـبی پوشـیدم و در انتهـای پـل بـه بانـو و شـوهرش ملحـق و بـه خانـه کدخـدا رفتیـم. کدخـدا در آن منطقـه کوهسـتانی در دامنـه کـوه کـه همـه جـا را سـنگ و صخـره پوشـانده بود محوطـه وسـیع و مسـطحی را در اختیـار داشـت کـه پـس از عبـور از دروازه گشـوده‌ای بـه آن وارد شـدیم.

اسـبی در دوردسـت مشـغول چـرا و ضلعـی ازحیـاط را تاسیسـاتی اشـغال کـرده بـود. مـن روسـتازاده و علاقه‌منـد بـه زندگـی روسـتایی بی‌صبرانـه از احمـد کـه قبـلا آن محـل را دیـده بـود خواسـتم دربـاره آن تاسیسـات توضیحـی دهـد. او گفـت کـه همـه تـدارکات نگـه‌داری اسـب و شـامل چنـد اصطبـل، انبـار علوفـه، کارگاه آهنگـری سـاخت نعـل و تعمیـر لـوازم اسـت و آن آخـری خوابگـاه کارگـران. در تابسـتان‌ها در ایـن محوطـه و کوهسـتان اطـراف آن فقـط اسـب می‌بینـی کـه نگهـداری ازآن‌هـا یکـی ازمشـاغل پردرآمـد کدخداسـت.

محـل سـکونت کدخـدا در انتهـای ایـن زمیـن بـا ایوانـی عریـض و طویل بـود کـه اطاق‌هـای متعـددی را بـه هـم متصـل مـی کردکـه مـا بـه وسیع‌ترین اطاق میهمانی داخـل شـدیم. کدخـدا ومهمانان

دیگرش ازتشک چه‌های خود که به دور سالن چیده شده بودند برخاستند وبه

ماخوش آمدگفتند. مهمانان تعدادی ازمعتمدان محل بودند که آنها را به خاطرکهولت سن که تجربه بیشتری حاصل آن است ریش‌سفید می‌نامیدند. گروهبانی که رئیس پاسگاه یا پلیس ده بود و جوان مهندس مسئول آبادانی منطقه و ساخت درمانگاه نیز در آن مهمانی حضور داشتند. آن مهندس تنها کسی بود که با من دست داد و به انگیسی روانی خوش‌آمد گفت.

کدخدا هم به گرمی ما را پذیرفت و بعد معرفی در اطاق پذیرایی از من و بانو خواست که همراهش به اطاق دیگری برویم که دوباره به ایوان آمده و بعد عبور از چند دری که هر یک متعلق به اطاقی بود وارد اطاقی که آن هم نسبتا بزرگ بود شدیم. در آنجا با همسر، دو دختر کدخدا و عروس کدخدا و نوه‌های خردسالش آشنا شدم. پسر کدخدا را در جمع مهمانان ملاقات کرده بودم. بعد این آشنایی دوباره به اطاق نخست برگشتیم منتهی این بار با نیم کتی از پشم سفید گوسفند که کار دست دختران کدخدا بود و همسرش آن را به من هدیه کرد. از مهمانسرا برای شام به پستوی وسیع مجاورش که در آن سفره رنگینی پهن کرده ودوسه مستخدم دررفت و آمد بودند وارد شدیم. در برابر محل نشستن مهماندار سینی بره کامل وکباب شده‌ای جلب توجه می‌کرد که درنگاه نخست ازدیدنش چندشی به من دست داد.

برسفره شام آن مهندس کـه در ضمن گفتگـو دانسـتم تخصص خـود را در انگلیـس گرفتـه و بـا دختـری انگلیسی نیز درایام تحصیل ازدواج کرده است ، در کنارم نشست ونقش مترجم را ایفا کرد.

کدخدا قبـل از شـروع شـام ازآفریدگار بـه خاطـر نعمـی کـه ارزانـی داشـته سپاسـگزاری کـرد. ذکر دعـای او موجب شـد کـه از مهندس بپرسـم چرا روحانی محـل کـه بـه هنگام آمـدن بـه خانـه کدخدا از جلـوی مسجدش عبور کردیم درجمـع نیسـت تا دعاخـوان شـود؟ که او در پاسـخ گفت مـن هـم متعجبـم چـون او در هـر مراسمـی حضوری شـاخص دارد.

بعـد از شـام در اطـاق مهمانـی بـا میـوه و شیرینی و چـای پذیرایـی ادامـه یافـت، گفت و شـنود پا گرفت، ریش سـفیدان از مـن و ترکیـب خانـواده‌ام پرسـیده و از زحمـات وقت‌گیـر خـود بـرای آوردن درمانـگاه بهـده یـاد کردنـد. مـن از مهنـدس دربـاره طراحـی سـاختمان درمانگاه پرسـیدم کـه گفت سـعی او بـرآن بـود آن بنـا را طـوری بنـا کند کـه بـا سـاختمان‌های ده هماهنگـی داشـته باشـد و چـون خانـه کدخـدا و مسـاکن دیگـر روسـتایی ایوانـی دارنـد درمانـگاه را نیـز بـا ایوانـی در ورودی آن سـاختیم. بـه او گفتـم موثرتریـن اقدامـت برقـراری خـط واحـدی از درمانـگاه مـا بـه تنهـا بیمارسـتان منطقـه در دشـت است.

بـا شـنیدن نـام بیمارسـتان بانـو هـم یـادآور شـد کـه دلیـل اصلـی نیامدنـش بـه اسـتقبالم در ایسـتگاه قطـار آن بودکـه می‌خواسـت درکنارکودک مجروح بماند تا مطمئـن شـود ضربـه، آسـیبی بـه مغز

او وارد نکرده است کـه مجبـور شـود اورا در آغـوش پـدر بـه آرامـی بـه ایسـتگاه قطاربرسـاند و از آنجـا بـا آمبولانسـی کـه بـا تلفنـم بـه بیمارستان در آنجـا می‌بایسـت آمـاده باشـد بـه بیمارستان منتقـل شـود. بـه هنگـام خداحافظـی مهنـدس از مـن خواسـت هـر وقـت اراده کنـم بـه دشـت جنـوب ده روم وباهمسـر و دو فرزنـد خردسالش آشـنا شـوم و افـزود بـه آدرس مـن نیـازی نـداری چـون جیپـی را بـه ایسـتگاه قطـار خواهـم فرسـتاد تـا تـو را بـه خانـه‌ام برسـاند.

حاصـل ایـن دعـوت آن شـد کـه بـا همسـرش دوسـتی صمیمـی شـدم، هنوزبـا هـم مکاتبـه داریـم و او تـا موقعـی کـه در آنجـا شـاغل بـودم هـر تابسـتان بـه کوهسـتان می‌آمـد و در حیـاط وسـیع پشـت درمانـگاه بـرای بچه‌هـا چـادر می‌زد.غـلام نیـز بـرای آن‌هـا بردرختـی تنومنـد تابـی می‌آویخـت و آبگیـری نزدیـک پـل دررودخانـه فراهـم می‌آورد کـه در آن شـنا کننـد.

کدخدا در شـب مهمانـی بیـش از همـه بـه مـن مهمـان خارجـی ده توجـه داشـت، در سـر سـفره شـام مرتـب بـا پنجه‌اش تکـه گوشـتی از بـره کبابـی کنـده و چـون بـا مـن فاصلـه داشـت بـه بشـقابم پرتـاب می‌نمـود و بـه هنگـام برگشـت نیـز فانوس‌داری را همـراه مـا فرسـتاد کـه در دسـتی فانـوس ودر دسـت دیگـرش بسـته‌ای پیشاپیش مـا قـدم برمی‌داشـت تـا وقتـی کـه بـه پـل جلـوی درمانـگاه کـه نـور چـراغ ایوانـش آن را روشـن می‌کـرد رسـیدیم. درمانـگاه هـم چـون خانـه کدخدا ژنراتور برق داشت و آن چراغ ایوان شبها تا صبح روشن

می‌ماند. البته درمانگاه یک ژنراتور اضافی نیزداشت تا اگر یکی از
کار افتد ، بخصوص در خدمات درمانی جانشین آن شـود. فانوس‌دار
در برابر پل بسته‌اش را به شوهر بانو سپرد و برگشت.

صبح بانو کاسه ماستی که گویا نیمی از محتوای آن بسته بود برایم آورد
که با عطر نعنا آغشته و بسیارخوش طعم بود. و توضیح داد که بوی نعنا
به خاطر گیاهی است که گوسفندان در مراتع کوهستان می‌خورند نه آن
که به ماست اسانس نعنا زده باشند.

پـس از برگشت از خانـه کدخدا حمـام گرفتم.دلم به خاطـر تنهایی در
مسکـن جدیـدم گرفتـه بـود. لباس آبی کـه یاد فرانسـوا را برایـم زنـده
و مسکنی برایـم شـده بـود بـه تـن و تـک گوشـواره را دوبـاره بـه گوشـم
آویـزان کـردم و بـا کتابـی روی کاناپـه اطاق نشیمن دراز کشیدم و بـا
خوانـدن آن کتـاب بـه خـواب رفتـم. صبحدم و بعد صبحانـه مثل هـر
روز روپـوش سـفید کار را برداشتـم و بـا لیـوان قهوه بـه ایـوان رفتـه
بـر نیمکتـی نشستـم وتـا آمـدن بانـو در افکارخـود غوطـه ور شـدم.
آمـدن او همیشـه بـا سـاعت شـروع کار هماهنـگ بـود و تـا بـه روی
پـل می‌رسـید مـن هـم برمی‌خاستـم، روپـوش سـفیدم را می‌پوشـیدم
سـبد حصیـری گل‌هـای وحشـی را کـه نمی‌دانـم چـرا غـلام هـر
صبح بـه جـای روی میـز آن را در ایـوان و در کنـار در ورودی درمانگاه
می‌گذاشت برمی‌داشتـم و بـه اطـاق معاینـه‌ام می‌رفتـم.

روزی که مثل همیشه با لیوان قهوه به ایوان جلوی درمانگاه رفته بودم
غلام را دیدم که علف های باریکه بین ساختمان و رود را

می‌تراشد برگ و گلهای پژمرده را از بوته ها جدامی‌کند.به او گفتم: غلام چرا سبد گل را روی میز نمیگذاری در پاسخ گفت آن را من نمی‌آورم تصورمی‌کنم بانو آن را برای اطاق انتظار بیماران سفارش می‌دهد. من هم حرف او را قبول کردم. تا آن صبحی که به ایوان آمدم دیدم که مثل روزهای گذشته از سبد و گلهای وحشی آن خبری نیست. چند روزی گذشت باز سبدی نیامد. چون با احساسی ناشناخته به دیدن و به داشتن آن عادت و علاقمند شده بودم یادم رفت به بانو یادآور شوم که جویا شود چرا آن را نمی‌آورند که شیوع بیماری حصبه و مرگ و میردر روستاهای منطقه به شدت ما را درگیر و فراموش می‌کردم که مورد گل را با او در میان گذارم . شاید هم نمی‌خواستم به وقت تنگ او درشرایط وقت گیر آن روز ها کار دیگری اضافه کنم. چند شب بعد کتابی را می‌خواندم که گیرایی مطالبش باعث شد تا دیر وقت بیدار بمانم. داشتم به سوی اطاق خواب می‌رفتم که کسی به شدت و پیاپی در حیاط پشت راکوبید. وحشت‌زده پرسیدم کیستی و چه می‌خواهی ولی او که مسلما زبانم را نمی‌فهمید به زدن درادامه می‌داد که گوشی ارتباط با بانو را برداشتم وپشت هم زنگ زدم. در آن وقت مسلما خانواده بانوخواب بودند تا آن که احمد بیدار و گوشی را برداشت و توانستم مشکل را به او بگویم. او گفت:

ناراحت نشو آن درب مثل دراطاق‌هانازک است و اگرکسی قصد

بدی داشـت میتوانسـت بـه سـهولت آن را بشـکند و داخـل شـود. مـن بانـو را بیـدار و میفرسـتم ودر ایـن فاصلـه شـما چـراغ حیـاط پشـت را روشـن صـدای گوشـی خـود را بـه بلندتریـن درجـهاش برسـانید و آن را بـه در حیـاط بچسـبانید شـاید هـر کـه هسـت صدایـم را از پشـت در بشـنود و حداقـل نامـش را بگویـد.

کلیـد چـراغ حیـاط را زدم کـه در آن شـب روشـن نشـد امـا خوشـبختانه کوبنـده در گویـا صـدای گوشـی را شـنیده بـود چـون از در زدن صرفنظـر و بـه جایـش مکـرر میگفـت: غـلام، غـلام. بـا صـدای غـلام آشـنایی داشـتم دانسـتم کـه اوسـت. پنجـره اطـاق را بـاز واز او خواسـتم بـه کنـار پنجـره آیـد تـا بـه کمـک نـور چـراغ اطـاق بتوانیـم یکدیگـررا ببینیـم وشـاید بـا اشـارات اوجویـا شـوم کـه چـه میخواهـد و چـون جهـت مسـکن خـود را مکـرر نشـان مـیداد دانسـتم بـه هـر دلیـل میخواهـد مـرا بـه آنجـا بـرد. شـتابزده گوشـی معاینـه و چـراغ قـوه پرنـورم را کـ ه همیشـه دم دسـت بـرای عیـادت احتمالـی بیمـاران شـب بود برداشـتم و بـا همـان ربدشـامبری کـه پوشـیده بـودم از در پشـت خـارج شـدم. بانـو هـم رسـیده بـود و بـا هـم بـه سـوی آسـیاب، مسـکن غـلام دویدیـم. بانـو گفت غـلام میگویـد کـه پسـرش از حـال رفتـه اسـت! احتمـالا او هـم بایدحصبـه گرفتـه باشـد. در پشـت صخـرهای کـه سـاختمان آسـیاب را میپوشـاند از پلـه شـیبداری بـه پاییـن رفتیـم تـا بـه در نیمـه بـازی رسـیدیم و وارد اطاقـی شـدیم. بـا گردانـدن نـور چـراغ قـوه دیـدم یکـی از دیوارههـای آن اطـاق پنجـره بـزرگ تـک شیشـهای اسـت کـه بعـد

دریافتم بـرای نظـارت بـر کار آسیاب واقـع دربرابـرش آن را ساخته‌اند. تختـی چوبـی و بـه هـم ریختـه‌ای نیـز در گوشـه‌ای و پلـه‌ای شبیـه نردبـان بـه مـوازات دیـوار در سمتی دیگـربـه چشـم می‌خـورد. کـه تا بانوگفت مـراد در اطاق بالاست بی‌درنـگ بـه بالارفتم. دو سـه پلـه مانده به آخر نور چراغ دستی من زاویه‌ای از اطاق بالا را روشن کـرد کـه در آن تعـدادی سـبد حصیـری روی هـم انباشـته شـده بـود. بـا ورود بـه اطـاق مـراد را دیـدم در رختخوابـی روی کـف اطـاق دراز کشیده و بـه سـقف خیـره مانده است. بـه سـوی او رفتـم، دو انگشت را بـا فشـاری ملایـم بـر رگ گردنـش قـرار دادم عبورخونـی را حـس نکـردم ولـی حالـت غیرمنتظـره‌ای بـه صـورت لرزشـی کـه معمـولا بـه پزشـکان در معاینـه بیمـاران دسـت نمی‌دهـد وجـودم را در برگرفت. ماننـد کسـی کـه نمی‌خواهـد بـه نتیجـه‌ای کـه می‌دانـد برسـد بـا اکـراه گوشـی را بـر قلب او نهـادم کـه آن هـم ضربانی نداشت. حالت او نشـان می‌داد چندیسـت از دنیـا رفتـه است. امـا بـاز چـراغ دسـتی را بـر زمیـن گذاشـتم و بـا دو دسـت چندیـن بارفشـارهای سـنگینی برسـینه‌اش وارد کـردم می‌دانسـتم بـا مدتـی کـه از فـوت او گذشـته بوداین تلاشـم بی‌فایـده اسـت امـا نمی‌دانسـتم چـرا بـه آن پرداختـه وادامه می‌دادم.

حـدس می‌زدم غـلام بـا داروهـای گیاهـی نتوانسـته بـود بـه او بهبـود بخشـد و بـا آگاهـی از مـرگ او بـه در خانـه‌ام بـرای درمـان مـراد نیامـده اسـت بلکـه تسـکین دهنـده‌ای را می‌جسـت. بـه خـود گفتـم دیگرنیازی

نیست که لحظه دردناک اطلاع مرگ بیماری را به

همراهش تجربه کنم .

دست بر پیشانی سرد مراد نهادم و چون مادری که کودکش را نوازش می‌کند آرام آرام آن را به پایین چهره‌اش کشاندم تا دیده‌گانی را که در راه سفرم به ده و در کنار آن چشمه محصور در گلهای وحشی به من خیره و گرمی بخشیده بود ببندم. برخاستم ونورچراغ دستی را به اطراف اطاق اوگرداندم. برسبدهای انباشته درگوشه اطاقش که رسیدم دریافتم که شبیه همان سبدهای آشنای همه روزه ایوان درمانگاهند.گلبرگ‌های خشکیده، وحشی و پراکنده در اطراف آنها نیز از همان گل‌های وحشی بودند که قطرات اشک را بر گونه‌ام دواند. بار دیگر نور چراغ را بر جسد مراد انداختم. رشته‌ای از موی سرش به پیشانی او ریخته بود .موهایش نیز هم رنگ موی فرانسوا بود که دانه‌ه ای اشکم به رودی بدل شد. برپیشانی سرد او بوسه ای نشاندم که با خود به ابدیت برد و به فرانسوا رساند. سپس در حالی که نگاهم به سوی او بود برخاستم واز پله‌ها به آرامی، گویی که خواستم نبود به سوی پایین رفتم و برای پنهان کردن اشکم چراغ دستی را خاموش و با سر آستین در نیمه راه پله چهره‌ام را پاک کردم. نور ضعیف فانوس اطاق غلام هم کمک می‌کرد که صورتم دیده نشود. غلام ساکت سر را در بین دو دست گرفته و بر لبه تخت چوبی خود نشسته بود. بانو گفت تو برو، من اندکی بعد به

خانه خواهم رفت. او مانده بود تا با احساس یک پرستار به غلام که پیش از آمدنم و با علم بر آن که می‌دانست خواهم فهمید که مراد مدتی است مرده به بانو خبر مرگ او را داده بود دلداری دهد.

با برگشت به خانه چراغ اطاق نشیمن را خاموش پنجره را به همان صورت باز گذاشتم. گوشواره‌ام را از گوش جدا و در مشت گرفتم و بر روی مبل افتادم. نسیم از پنجره صورتم را لمس می‌کرد. نور ماه به رشته کوه‌های دوردست رمز و رازی بخشیده بود، سکوت شبا گه‌گاه آوای وحش همراه با قهقهه شغال‌ها که گویا به دور لاشه شکاری جشن گرفته بودند می‌شکست. من هم خیره بر پنجره نشسته بودم که ناگهان صدای نی‌لبک دلنشینی با آهنگی غمناک برخاست. گویا از نی لبک غلام بود که بعد سال‌ها خاموشی دوباره به گوش می‌رسید. دردل گفتم شاید با نواختنش می‌خواهد خاطره مراد را در یادها زنده نگه دارد. دلم می‌خواست از او بخواهم کار درمانگاه را رها و جانشین مراد شود گله او را به چرا برد و به هنگام غروب کلاه را تا ابرو به زیر کشد و با نوای نی وارد دهکده شود تا دختران ده تصور کنندخود مرادست و انتظارشان با غم به پایان نرسد.

گویی که نغمه نی در آن نیمه شب مسکنی برای غلام بود.

چون مزه شور اشک بر لبانم.

کفش

با خاتمـه دبسـتان وارد محیـط متفـاوت دبیرسـتان شـدم ودر گریـز ازتنهائـی بـه هـر سـو نگریسـتم تاشـاید ازایـام دبسـتان هـم صحبتـی پیـدا و از احسـاس غریبـی بـدر آیـم کـه دفعتـا زنـگ بصـدا درآمـد وهمـه بـکلاس هـای خـود رفتیـم .مـن هـم بمحـض ورود بـکلاس دراولیـن نیمکـت نشسـتم کـه لحظـه ای بعـد شـاگرد دیگـری وارد وبرهمـان نیمکـت درکنـارم قرارگرفـت، کـه درزنـگ تفریـح دانسـتم نامـش مهـرداد اسـت. همـان مهـردادی کـه چـرخ زمـان بعـد گذشـت چنـد سـال از دوره دبیرسـتان کـه مـا را ازهـم جداکـرد دوبـاره درآن کوچـه بـن بسـت خاکـی همسـایه دیـوار بدیوارهـم سـاخت . در همـان چنـد سـال دوره دبیرسـتان بخاطـردرد مشـترک فقـر، آشـنائی مـا بدوسـتی عمیقـی رسـیده بـود کـه سـکونتش رادرهمسـایگی خودبعنـوان هدیـه ای ازسـوی آفریدگارتعبیرکـردم. پدراوسـوزن بـان راه آهـن وپـدرم بـاغ بـان یکـی ازبـاغ هـای شـمال شـهربود اوبـا پدرمادروخواهرخـرد سـالش درخانـه کوچکـی ازمحـلات شـهرزندگی مـی کـرد ومـن بـا پدرومـادرم دردواطـاق جنـب ورودی بـاغ محـل کار پـدرم .

بطورنسـبی خانـواده مهـرداد وضـع مالـی بهتـری ازمـا داشـتند منتهـی درآمـد پـدران هـر دوی مـا در حـدی بـود کـه فقـط مـی توانسـت نیازهـای ضـروری ادامـه حیـات مـا را تامیـن کنـد ،لـذا حوایـج ضـروری هـر دو مـا جیـره بنـدی شـده بـود مثلامـی بایسـت ازهرجفـت کفـش

لا اقل بمدت دوسال استفاده کنیم تا در خاتمه آن دو سال، البته اگربشکلی در می آمد که دیگرامکان نداشت آنها را بپا کرد به کفشی نودست یافته وآنرا محتاطانه بپوشیم. احتیاطی که ما را ازپاره ای بازی های مورد علاقه خود چون فوتبال که آن روزها بچه های محل با نداشتن توپ با میوه درخت کاج در کوچه برپامی کردند منع می نمود.باین خاطرروزخرید کفش نو برای ما خاطره ای فراموش نشدنی و ابدی خلق کرده است. نا گفته نماند که همیشه آرزوداشتیم زمان خرید کفش نوبا تحویل سال نوفاصله زیا دی نداشته باشد تا مجبورمان نکنند تا رسیدن روزعید ایام طولانی تری را با کفش کهنه و ناراحتی آن سر کنیم وبا پوشیدنش در روزعید خود را با سایر کودکان محله که پوشاک نو بتن می کردند،همسان ببینیم. شایدهم پدرومادرها می خواستند به همسایه ها فخر فروشند ویا نشان دهندکه احساس کمی ازآنها نمی کنند.

تازه وارد کلاس یازده شده بودم که پدرم فوت کرد وبرای کم کردن ساعات کارمادرم که بعد فوت پدر با درد رماتیسم کمک به همسرمالک باغ درامورخانه را قبول تامزدی دریافت کند تحصیل را رها و بکاری مشغول شوم اما مهر داد به تحصیل ادامه وموقعی که درهمسایگی ما ساکن شد به پایان دوره تخصص پزشکی خود نزدیک شده بود . اودر خانه مجاور ما با همسرش عالیه وپدرسالمندش آمیرزا که با مرگ همسرش تنها مانده بود

زندگی می کرد.عالیه مهماندارهواپیما شده بود تا شوهرش بتواند به تحصیل ادامه و پزشک شود.

در فوق به درد مشترک فقرکه باستحکام دوستی من و مهرداد دامن زد اشاره شد، بخاطر آندوستی بود که مشترکا بمشکلاتی بر می خوردیم که یاد یکی ازآنها در خاطرمان نقش بسته است وآن از آنجا پا گرفت که همزمان با وردم به دبیرستان عمردو ساله کفشم نیزخاتمه وبصورتی درآمده بود که ازسوراخ کف آن سردی سطح یخ بسته کوچه و خیابا ن را که به تمام وجودم لرز سرما را منتقل می کرد، احساس کنم بخصوص بزمانی که در پس باران وبرف جورابم نیزنم برمیداشت و تا برگشت بخانه و کندنشان باید آنها را بپا داشته باشم . لذا برای اندک رهائی ازآن رنج هر صبح که پیاده بمدرسه می رسیدم با تنه زدن و پس و پیش کردن هم کلاسی ها که آنها هم ازسرما بدور تنها بخاری کلاس حلقه میزدند تلاش می کردم شکافی برای گذراندن پای خودبازکنم تا لختی کف کفشم رابربدنه داغ ودل چسب بخاری به چسبانم .

در این تلاش متوجه می شدم که مهرداد نیزبمن یاری میدهد وحتی اوهم گاهی پایش را به بدنه بخاری می چسباند که تصور می کردم با این کار درعالم دوستی می خواهد تلاش نا معقول مرا از دید دیگران عادی جلوه دهد وازخجلتم بکاهد .

تا آنکه روزی از تجاوز ما کاسه صبر و تحمل هم کلاسی ها سرریز و به زد و خورد می انجامد و در گیر و دارآن بخاری سرنگون

نفـت مخـزن آن پخـش وشـعله زبانـه میکشـد،بصورتی کـه مدیـر، معلمـان و سـایر کارکنـان دبیرسـتان بـرای خامـوش کـردن آتـش و پیـش گیـری از سـرایت شـعله بـه میـز و نیمکـت هـای چوبـی بـکلاس مـی ریزنـد ، در نهایـت مـن ومهـرداد مسـئول شـناخته شـده و ناظـم دبیرستان دسـتورمیدهد مدتی در حیـاط سـرد روی یـک پـای خـود بایسـتیم. البتـه بـا ایـن تنبیـه ،توبیـخ مـا بآخـر نمیرسـید ونمـره بـدی کـه بـرای اخـلاق بمـا داده مـی شـد عصبانیـت واعتـراض پدرومادرهـای مـا را نیـز بدنبـال داشـت.

روزی در راه مدرسـه بـه خانـه مهـرداد پرسـید چـرا عـادت هرصبـح چسـباندن پـا بـه بخـاری را کنـار نمیگـذاری کـه بـا خجلـت مجبورشـدم مشـکلم را بـا او در میـان گـذارم وازآنکـه بـه خاطـر یـاری بمـن زیرضربـات مشـت و لگـد قـرار گرفـت وتنبیـه شـد پـوزش بخواهـم ،بـه ایـن نکتـه نیزاشـاره کنـم کـه علـت اقتباسـش از کارم را درک و میدانـم از آن جهـت اسـت کـه میخواهـی کارم را نوعـی شـیطنت جوانـی جلـوه دهـی کـه ناگهـان ایسـتاد ودرحالیکـه بشـدت مـی خندیـد مـرا نیـز از رفتـن بـاز داشـت . مـن کـه حـرف خنـده داری نـزده بـودم حیـرت زده شـدم کـه دفعتـا بـرای حفـظ تعـادل خـود یـک دسـتش را بـر شـانه ام نهـاد تـا یـک پایـش را بـرای نشـان دادن سـوراخی در کـف کفشـش بلنـد وبمـن نشـان دهـد، سـپس افـزود اقتباسـم از تـو بـی دلیـل نبـود بلکـه کـردارت درانجـام کاری کـه مـدت هـا اشـتیاق انجامـش را در سـر داشـتم ازخجلتـم کاسـت وبمـن جـرات داد کـه اجرایـش کنـم. مـن

هـم بـه شـوخی گفتم دلیل دیگرپرهیـزت از چسـپاندن پـا بـه بخـاری شـاید ناشـی از آن بـود کـه تنهـا یـک سـوراخ آنهـم در کـف یـک کفـش خودداشـتی کـه امـکان میـداد رنجـش رادرزمـان طولانـی تـری تحمـل کنـی .

خلاصـه آنکـه ایـن نـوع از اتفاقـات بـود کـه بـه عمـق دوسـتی مـن و مهـرداد چنـان دامـن زد کـه حتـی بـا گذشـت سـالها دوری احسـاسش پایـدار مانـد وهمسـایگی بـا او خوشـنودم سـاخت.

خانـواده مهـرداد بـا رفتارصمیمانـه خـود چنـان موردمحبـت همسـایه هـا قرارگرفتـه بودنـد کـه همـه خـودرا در غـم و شـادی آنـان سـهیم مـی یافتنـد .منهـم در پـس سـکته ومـرگ آمیـرزا مصمـم شـدم فـردا بـا شـرکت در مجلـس ترحیـم آن مرحـوم همـدردی خـود را بـا آن خانـواده بـه ثبـوت رسـانم وضمنـا بدیـدار آن روحانـی معـروف بـه شـیخ نورانـی کـه زمـان حضـورش درمسـجد محلـه شـایع شـده بـود توفیـق یافتـه وازفیـض گفتارشـان برخوردارشـوم.

معـروف اسـت آن روحانـی ازآن جهـت شـهره بـه منورشـده اسـت کـه بخاطرپاکـی طینـت ،تقـوا و فضیلـت توجـه و عنایـت آفریدگاررا بخـود جلـب کـرده وبایـن خاطرهالـه ای از نورچهـره اش راپوشـانده اسـت.

مـن هـم تحـت تاثیـر تعاریفـی کـه ازایشـان ومعجزاتشـان شـنیده بـودم آرزوی دیرینـه ام دیدارشـان از نزدیـک بودکـه تصـور مـی کـردم در مسـجد محلـه ایـن سـعادت را بدسـت خواهـم آورد . درپـی همیـن خواسـته بـود دربعضـی ازجمعـه هـا کـه بـرای گشـت و گذاربـه ارتفا

عـات شـمیران مـی رفتـم مدتـی دربرابـر دروازه سـبزرنگ باغـش بـه انتظارمـی مانـدم تاشـاید بتوانـم ،وقتـی اتوموبیلشـان ازبـاغ خـارج و یـا بـآن واردمیشـود درصندلـی مسـا فـر لختـی نیـم رخ مبارکشـان را ببینم. متولـی مسجد بخاطرآمـدن شـیخ بجـای صحـن اصلـی مسـجد حجـره طلابـی را بـرای برقـراری ترحیـم دراختیـار مهـرداد گذاشـته بـود و ازآنجـا کـه مـی دانسـتم بـرای احتـرام وحفـظ پاکـی مـی بایسـت بـدون کفـش وارد آن مـکان مقـدس شـد، در آنـروز بـرای اولیـن بارکفـش تـازه ای کـه ازمحـل عیـدی سـالانه دولـت خریـده بـودم وجورابـی نـو درهمآنگـی بـا آن بپـا کـردم وبـرای آنکـه بـه کفـش آسـیبی نرسـد و گل الـوده نشـودبا احتیـاط سـلانه سـلانه فاصلـه خانـه تـا مسـجد را طـی نمـودم .نـا گفتـه نمانـد کـه دلیـل اصلـی بـر داشـتن گامهـای محتـا طانـه وآهسـته ام آن بـود کـه لـذت راحتـی کفـش نـورا نیزبـا کفـی بـدون سـوراخ بمـدت طولانـی تـری احسـاس کنـم.

درب حجـره مراسـم ترحیـم آمیـرزا دو پلـه ازحیـاط مسـجدبالاتر و در ایوانـی بـاز میشـد، ازآن پلـه هـا بـالا رفتـه و کفـش را بـه اکـراه ازپـا در آوردم و درگوشـه ای از آن ایـوان دور تـر از کفشـهای گونـه گـون ،اغلـب فرسـوده ، پاشـنه خوابیـده ، نعلیـن و گیـوه کـه لیاقـت همجـواری بـا کفـش چرمـی و بـراق مـرا نداشـتند قـراردادم وسـپس چـون وداع عاشـقی ازمعشـوق کـه نمـی توانـد بهنـگام فـراق یکبـاره چشـم ازاو برگیـرد درحـال نـگاه بـه کفـش وارد مجلـس ترحیـم شـدم کـه بمحـض ورود بـا مهـرداد وچنـد منسـوب دیگرمتوفـی کـه بـه صـف ایسـتاده

بودنـد وبـه واردیـن خـوش آمـدی همـراه بـا تشـکر ازهمـدردی ابـراز مـی داشـتند بـر خـورد نمـودم . مهـرداد را درآغـوش گرفتـه باوتسلیت گفتـم وبعـد تسـلیت بمنسـوبین دیگـرش در کنـار سـایرین در گوشـه ای نشسـتم.

قـاری در گوشـه ای دیگـر مشـغول خوانـدن قـرآن بـود ودر پایـان هـر سـوره یکـی دو دانـه خرمـا و سرانگشـتی حلـوا را کـه منحصـرا برایـش گذاشـته بودنـد در دهـان مـی گذاشـت وهـر از گاهـی نیـز نوحـه سـر میـداد کـه گریـه و شـیون بانـوان رااز پـس پـرده ای کـه حجـره را بـه دو نیـم مردانـه و زنانـه تقسـیم کـرده بـود رسـا تربگـوش میرسـاند.

درآن مجلـس تعـدادی عزادارنیزحضورداشـتند کـه آنهـا را درمحلـه ندیـده و نمـی شـناختم منتهـی بشـدت مـی گریسـتند وبـا همان شـدت پـی در پـی ظـروف خرمـا و حلـوا را خـورده وخالـی مـی کردنـد. گوئـی درتلاشـند تـا تلخـی غـم آن عزیزرفتـه را بـا شـیرینی مرتفـع سـازند. یکـی از آن گـروه در کنـارم نشسـته بـود و مـدام آرنـج بـه پهلویـم مـی کوبیـد تـا برایـش چـای سـفارش دهـم، برایـم معمـا شـده بـود کـه چـرا خـود سـفارش چـای نمیدهـد.

از روی کنجـکاوی وقتـی درمراسـم چهلـم متوفـی آنهـا را ندیـدم جویای نسبتشـان باآمیـرزا شـدم کـه مهـرداد گفت منهـم نمیدانـم کیسـتند ووقتـی ازمتولـی مسـجد سـراغ آنهـا راگرفتـم اوگفـت کـه ازعـزاداران حرفـه ای هسـتند وصرفـا بـرای آنکـه بقـول خودشـان شـکم خـود را از عـزا بـدر آرنـد بـدون آنکـه متوفـی را بشناسـند درمجالـس عزایـش

شرکت میکنند.

مدت معمول شرکت درمراسم ترحیم را در حجره نشستم وسپس با ذکر مجدد تسلیت به مهرداد و منسوبین اواز حجره خارج و به ایوان آمدم تا بخانه روم اما اثری از کفشم که درگوشه ای گذاشته بودم نبود.ترسی نا شناخته بر دلم نشست برای رهائی از آن بخود تلقین کردم که بلا شک محل گذاشتن کفش را درست بخاطر نسپرده ام، لذا ضمن آنکه از آفریدگار و حتی جد شیخ نورانی برای یافتن کفش خودمدام کمک میخواستم به سایر گوشه های ایوان نیز سرک کشیدم و با آنکه می دانستم که کاربیهوده ایست.به پس و پیش کردن سایر کفشها ی روی ایوان نیزپرداختم تا شاید درزیریکی ازآنها پنهان شده باشد، درآخرغمزده وخسته برلبه ایوان نشستم تا بیاندیشم چگونه می توانم بدون کفش و باجوراب خود رابه منزل برسانم .

راهی نیافتم لذا به امید آنکه متولی مسجد می تواند کمکی کند ازحیاط گذشته خود را به دفترکوچک اوکه درجنب ورودی مسجد قرارداشت رساندم که کسی آنجا نبود و درپس گشت وپرس وجو، اورا در صحن اصلی مسجد یافتم که درحال دادن دستورات نهائی برای آماده کردن هرچه کامل ترآن محل بود تا درخور مقدم مبارک شیخ منورگردد .

مشکل خود را به او منتقل کردم که بی تفاوت و بدون آنکه اثری از تاسف و یا همد ردی نشان دهد فقط گفت که این اتفاق

تازگی ندارد منتهی شما تا رفتن همه حاضرین درحجره ترحیم باید صبر کنید تا کفش بجا مانده کسی که کفش شما ربوده است عیان شود.چه معمولا این نامسمانان که تعدادشان هم کم نیست کفش غیررا که بلاشک اندازه پای آنانست پوشیده ، کفش خود را جا می گذارند ومی روند.، فقط باید دعا کنید که کفش به جا مانده فرسوده نباشد.

اینجا بودکه اضافه بر دعا برای پیدا شدن کفشم دعای سلامت کفش دزد و بخصوص کف آنرا اضافه نمودم تا شاید بشود تا تهیه کفشی دیگر مدتی آنرا پوشید. درآخرمتولی توصیه کردکه اگر نمیخواهید مجددا به مجلس ترحیم برگردید میتوانید در صحن اصلی مسجد که درب آن را چند دقیقه دیگربرای عموم بازخواهیم گذاشت منتظر بمانید و چون قراین نشان می دهد بخاطر حضورشیخ صحن مسجد بسرعت از جمعیت پر خواهد شد بهترست زود تر وارد آنجا شوید.

من که چاره ای جز تبعیت ازنظرمتولی نداشتم بکنارحوض در میانه حیاط رفتم وبا دقتی بیش ازهمیشه که شستن ساعد از آرنج نگذرد ولای انگشتان پا نشسته نماند وضوگرفته ووارد صحن مسجد شدم که خوشبختانه به محض ورود در برابرمنبرمکانی راکه میشد بخوبی چهره شیخ را دید خالی یافتم ، بی درنگ در آنجا نماز خوانده وهمانجا نشستم ویافت آن مکان را درحالیکه حیاط مسجد نیزمیرفت ازجمعیت پرشودازبذل توجه آفریدگاردانسته

وبفال نیک گرفتم.

در پایان گفتار شیخ ، یافتن کفش دزد و پوشیدن آن هنگام خروج از مسجد باز به مهرداد برخوردم. پرسید تو هنوزاین جائی که موضوع دزدیدن کفش را برایش شرح دادم.اوهم باصرارمی خواست در یابدکه اندازه پایم چیست تا خسارتی راکه بخاطر حضورم در ترحیم پدرش بمن وارد شد جبران کند که با توجه به شرایط مالی اوکه فقط متکی بدرآمد همسرش بود بشدت با پیشنهادش مخالفت کردم و برای راحتی خیالش گفتم که در خانه چند جفت کفش اضافی دارم ، ضمن آنکه کفش دزد نیز قابل استفاده وفقط نیازبه تمیزی و واکس دارد وسپس با هم بسوی کوی خود رفتیم . در راه ماجرای جدید کفش باعث شد که به یاد ماجرای کفش و حریق دبیرستان بیفتیم .

با گذشت سالها، رضا فرزند ارشدم وارد دانشکده فنی و سعید فرزند دیگرم که شیفته هنروادبیاتست به سال آخر دبیرستان رسیده بود. من هم به بالاترین رتبه اداری وبه درآمدی دست یافته بودم که اجازه می داد هروقت کفش همسرویا فرزند کهنه و فرسوده شود فورا برای آنها کفشی نوتهیه وهرگاه نیزکه سوراخ کف کفشم به اندازه ای برسد که غیر قابل پوشیدن شود پا پوش ارزانی نیزبرای خود خریداری کنم .

مهرداد همسایه نیز پزشک شد وبه بالای شهرکوچ کرد اما دوستی ما کما کان ادامه دارد. اوافرادخانواده ام رابدون دریافت

وجهی مداوا میکند. همسرش نیزاز کار دست کشیده و فقط به خانه، شوهروفرزند خردسالش میرسد. با آنکه کمی وقت پیاده روی روزهای جمعه ما در شمیرانات را بدفعات کمتری رسانده اما آنهم هنوز ادامه دارد. دریکی ازاین پیاده روی ها که پسرم سعید نیزهمراه من و مهرداد بود وقتی به دروازه سبز رنگ باغ شیخ منوررسیدیم از نزدیکی او به آفریدگارکه چنین زندگی مرفهی را نصیبش کرده است یاد کردم .به مهرداد که ازلابلای نرده ها به آن باغ مشجرو ویلائی درانتهای آن خیره مانده بود گفتم بنظر میرسد مسخ زیبائی این باغ شده ای که درپاسخ گفت نه داشتم کل زمانی را که تو پله پله بشرح خلاصه زیر طی کردی تا به یک جفت کفش رسیدی را محاسبه میکردم :

درپله نخست آفریدگار گوش حکومت را کشیدند تا ازبیت المال بتوعیدی دهد . در این مرحله هم پای دولت زمانی را از دست دادی تا مجلس کسر بودجه اش را تصویب که از آن محل بتواند عیدی ترا پرداخت کند ، درپله بعدی زمانی را برای گذشتن ازمراحل عدیده اداری صرف کردی اوراقی را کامل و امضا نمودی تا دریابند تو محق دریافت عیدی هستی ودر پس آن بود که توانستی وجه عیدی را در دست خود لمس کنی !و بالاخره درپله بعدی باز زمانی از دست دادی تا فصل حراج وقیمت کفش بجائی رسد که قدرت خرید آنرا داشته باشی .

در قیاس با کل زمانی که تو در طلب تنها یک جفت کفش طی

کردی باین نتیجه رسیدم که شیخ منور برای کسب این همه هدیه ازسوی آفریدگار ، باغ فرح بخش ، مسکن کاخ نما ،راننده ،باغبان خدمه منزل و مهمتر از همه شهرتی جهان گیر می بایست زمانی معادل چند برابرطول عمرطبیعی خود طی میکرد درحالیکه هنوز به سال شصت هم ازعمرمبارک خود نرسیده اند.

اینجا بود که سردر گم و درادامه محاسبه عاجزماندم . که کاسه صبر سعید ازگفت و شنود طولانی ما لبریز و لب بسخن گشود وگفت :

عجز شما در برآورد زمان از آن روست که شاهکار خلقت آفریدگار را که درایمن کاسه سر قرارداده اند نا دیده گرفته اید؟ هدیه ای که درمجموعه آثارشان در آفرینش به تنهای میتواند ما رامدام شاکردرگاهش سازد.همان عضوی که دامنه درک وابتکار آن بی کران وتدبیرازتراوشات آنست و بلاشک اوعدم استفاده انسانها ازآن را گناهی کبیره ونا بخشودنی خواهند شمرد. بگذریم از آنکه با افزودن قسمت عمده ای ازکلید های هنر خلاقیت خودآن هدیه را بصورتی کامل در آورده اند که گویی هدفشان آنست که خود را در هر انسانی بینند. باحتمال قوی شیخ منورمرتکب این گناه نشده و در اجتماعی خواب زده از آن هدیه استفاده و بر محمل آن به پیش تاخته اند که توانستند درزمانی کوتاه به رفاه و شهرت امروزه رسند.

با این تذکر سعید از اینکه من و مهرداد در کاوش توفیق شیخ تنها به گردش چرخ و سرنوشت ازلی او تکیه کرده بودیم ، چنان شرمسار شدیم که تا برگشت به خانه لب بر سخن بستیم.

زر زار

اسکناسی، گوشه ای افتاده بود
گردِ ره نیمی ازآن،پوشانده بود
پای بر رویش کشیدم تا نهان
ماند از دیدِ حریصِ ، عابران

شاد شددل،رامشش تا سررسید
مرغ رویا بال بگشود و پرید
هر غَذایی را هوس، می‌برد نام
مزهِ آن آمدی، در دم به کام

لحظه ای گفتم بیابم مالکش
اسکنانش را گذارم در کفش
روده خالی،خروشیدی و گفت
گرسنه آیا توان آسوده خفت ؟
تا که برگِ کاغذی شد اسکناس
گشت بر هر ارتباطی را اساس

روز آخر شد، گذر بی رهگذر
پردهِ شب کاست ازشرم و خطر
با دو انگشتی ز تردیدم بدرد
بر گرفتم از زمینش هم ز گرد
با شتاب آنرا ، به جیب انداختم
چون شهابی زآن محل بگریختم

تا که آرامی بگیرم زین خطا
دزدِروزم خوان نه شب دانی چرا؟

چون که آنان ، بار با اشتر برند
لیک در انظار پاک و طاهرند

درامانست دزدِ روز از هر گزند
دزدِ شب افتد، به زندان و به بند

بعدِ چندی ، در سرایِ خاموشم
زین نکو بختی، دمی را دلخوشم
اسکناس، از جیب آوردم برون
ناگهان دل شد غمین پیکر زبون
چون دلیلِ شادمانی نیمه بود
پردهِ رویایِ شیرین ، پاره بود

بر زمین انداختم. آنرا، ز خشم
نیمه آزردو بگفت ای کورچشم
روزگاری من، مقامی داشتم
ارج و قدر و احترامی داشتم
هر که در نزدم ،کنیز و نوکری
هر که را با اوشدم شد کهتری
رنگِ زر امروز رنگی برتر است
بر صفا، بیرنگی و صافی سرست.
یادم دارم مادری، کز اضطرار
از نبودم بوده آنسان بی قرار
مزد خود، ارزان ارزانتر نمود
تا مرا از جیبِ مستی در ربود

در شکاف سینه اش کردم نهان
باوجودش گشت من راپاسبان
لحظه یی دیگر، ز زیرِ بالشی
جامِ می دیدم زِ شمعی، تابشی

بعد در مشتش فشردم راه برد
تا مرا بر دست عطاری،سپرد
کودکی بیمار ا ودر خانه داشت
عزت ازکف دادمن را جاگذاشت

گل زِ مهرِ باغبان، بشکفته است.
عشقِ با ایثار خود بنموده است

مدتی، در دخلِ آن دکان نهان
سر نمودم، تا کَه از در ناگهان
آن خریدارِ سیه، پرسان رسید
بهرِخسارَش،سپید آبی خرید
یافتِ او سیمای ظاهر رنگِ رو
ارجِ آن بیش است تا کارِنکو

درپیِ سودا، به جیبِ تازه یی
جا گِرفتم در کنار شیشه ای
محتوایش چهره روشن مینمود
کار پیدا مشکل آسان می‌نمود
یافت او کاری و پاداشی گرفت
لیک مزد او طلبکاری گرفت
این زمان، صورت اساسِ رستن است
سرمه ارجش بیشتر، از دیدن است
صاحبِ من شدرباخواری دگر
جا گرفتم باز در کوئی دگر
دورخود درامنِ صندوقی گران
یافتم یارانِ هم نقش و نشان
دل میان همگنان خوشنود بود
جمع یاران، درد تنهائی زدود

چون کبوترباز، کو از روی بام
پردهدمرغان که یابدبیش شام
مالکم ما را به مردم می‌سپرد
درگه دریافت افزون می‌شمرد
تا که افتادم، ز جیبِ پاره ای
گم شده آواره ای در کوچه یی

گرچه خاکِ ره مرا پوشانده بود
لیک ارج و قیمتم ، پاینده بود
کودکان دورم ،به بازی بوده اند
در نشاط وشوروشادی بوده اند

تاکه آن یک گوشه ام دید وشناخت
بانگ او کوسِ جدایی را نواخت
برسرِ من جنگ و دعوا د رگرفت
رامشِ آن کوی را غوغا گرفت
هر کجا رفتم دلی آنجا شکست
کینه تیغی شد نخ وحدت گسست
جملگی رفتند غیرِ آن دو تن
خسته از جنگ و ستیزتن بتن
هر یک نیمی ز من بر داشتند
تا که با هم صبحدم حلوا خرند
لیک بختِ بد ، مرا دمساز بود
نیمه‌ام را باد، بستاند و ربود
این منم آن نیمه اکنون دست تو
نی نهاد بد و نیک بخت تو

چون که عمر ماست عمر شبنمی
بگذر از اندیشه بیش و کمی

شب کلبه

رعد، با آوای خود
رامش شب را برید
با شرارش، پرده آنرا درید
باد سرکش زوزه سر داد و رمید
پنجر و درها به هم کوبید، بر دریا وزید
موج بر شدکف به لب
جست و غران ، بر شن ساحل خزید
این چنین طوفان بساحل ها رسید

زین هیاهو، کودک در خواب «کاس»
چشم بگشود و درون کومه دید:
سقف گالی پوشه‌ای
همچو گیسوی زن جادوگری در قصه‌ای
هیمه‌ای در گوشه‌ای
رقصد از هر شعله‌اش برحصیری سایه‌ای
مادری در انتظار
می‌رود عمری بر او هر لحظه‌ای

کاس سرخارید،دستی هم به چشمانش کشید
سوز سرما تا که آرامش برید
رفت ودردامان مام خود لمید

این نوشته ازحادثه ای واقعی است.

گفت مادر جمله با هم ، باز بابا
رفته با دایی به دریا
خانه نیست
این جدایی ها و تنهایی ز چیست ؟

ضربه‌ای مادر، برهیمه نواخت
آتش کوره گداخت
قصه ای از خویش ساخت:

یکی بود صد تا نبود
در ازل. خالق از بوته خار
قالبی ساخت، در آن خاک فزود.
در دل قالب دیگر از عود
سرمه پر کرد و چون آن دو گشود
آدمی گشت ز هریک مشهود
آدم قالب خار، رفت شد خاک گذر
وآن دگر، بر سر مژگان زیور

کاس پرسید ز چیست
جنس من، جنس شما و بابا
گفت مادر تویی از سرمه ناب
گذر از جوهر ما
لیک در دل می گفت

پدرت زاده ز خار
زان به طوفان شب تار
به تلاش و پیکار
پای مادربه بیجار
غرقه در آب و شله، تا زانو
در حریم زالو
تا نخوابی کاسی

پیش از آمد بابا دایی
چون توانم که دم آرم چائی

بلکه با زمزمه لالایی
چشم بندی و دمی آسایی
لایی لالا ... لالایی
بازرسا رو می‌گیره بازی دایی *
تا پدر توربه پاشه وبگیره ماهی

چند دیگر دایی کُله شوی بدست
ز سرِ صید رسید
زان کُله پیدا بود که پدر آن صیاد
شده خود صید ، خط عمر برید
اشک، رخساره مادر پوشید

در گریز از غم خود
رفته ها یاد و یکایک رده کرد
یاد سالی که ربود
دل میراب جوان ده را
یاد آن کلبه چوبین لب رود
که پی ساختنش ده کوشید

یاد آن روز وصال
یاد آرایش با وسمه و بند
سینی خونچه ، ساییدن قند
یاد شب پاسی و فندق بازی
لحظات غم و گاه شادی

بازرس ها - گشت هایی در دریا که صیادان متخلف را در فصولی که صید ممنوع است جریمه می کنند

رفته‌ها را جویید
رفت از رفته به آینده رسید
دلش از تیرگی آن لرزید

در سیه روشنی نور ضعیف فانوس
و رهایی ز فشار و کابوس
دیده نم زده بر کومه دواند
به رخ کاس رساند
و بر آن این را خواند
من هم از قالب خار
به مثال همه ایل و تبار
چو گیاهی تشنه، در کویری تبدار

دهر قربانی خود تا که گرفت
خفت و آرام گرفت
نغمه سر داد زنو مرغک آب
ابر گم گشت و درآمد مهتاب

مام درکومه سرد
اشک ریزان سر کرد
به سحر
از نوای نی چوپان برخاست
او بخود آمد و اندوه نهفت
بست عهدی و بگفت
کودکم، من دگر مادر و هم بابایم
وتو هم ، نیستی خاک گذر
گوهری ، سیمی ، زر
به رهت جان بازم
تاتو را بر همگان سر سازم*

_____

*و چنین کرد

لایی لالا. ....لالایی
پاره شد تور و نمانده ماهی
زندگی موجه، نگیره پایی
گر که آرام بگیره گاهی

دل آدمی

یکی سیاهه ، مثال قطرون   یکی سپید برف رو کهسون
یکی زرده چو برگ خزون   یکی هم سرخه، دارارغوون
میونشون یه چیز یسون
دل آدمی ، دل یه انسون

یکی می شینه تو کوهسون   یکی می شینه تو دشتسون
یه نفرتو شهر یکی دهسون   یکی فرنگ یکی هند سون
بهر دیار یه چیز یسون
دل آدمی ، دل یه انسون

زمسونا ، سرد شه لرزون   تابسسونا عرق ریزون
ناخوش بشه رنجوره نالون   خبر خوب، شاده دس فشون
بهر هوایی یه چیز یسون
دل آدمی ، دل یه انسون

بشکنه گر، دل یکی شون   در گذر دور و زمون
نهایتأ بدون.............بدون   اون می شه ، درد همه مون

یه چیز یسون. یه چیز یسون
دل من و تو ، دل یه انسون

دفترچه دوم

در ریشه و هویت :

سیر بی هویت

دوسـتی بـا دادن مشـخصات قطعـه زمینـی خواسـت کـه طـرح خانـه‌ای را برایـش ترسـیم کنـم. او هم‌کلاسـم در دانشـگاه بـود کـه بعـد از پایـان تحصیـل بـه ایـران برنگشـت ودرآمریـکا بـه کار مشغـول شـد و در فاصلـه‌ای کـه مـن در ایـران شـاغل بـودم توانسـت ثروتـی بدسـت آورد. برایـم روشـن بـود کـه او بـا ایـن پیشـنهاد و در عالـم دوسـتی می‌خواهـد بـه صـورت پوشـیده ای بـه مـن مهاجـر نـو رسـیده تـا گرفتـن اجـازه اقامـت وکارکمکـی کـرده باشـد وگرنـه هـم خـود می‌توانسـت آن طـرح را تهیـه کنـد و هـم در محـل سـکونتش کـه شـهری در شـرق آمریـکا بـود بـه مهندسـی کـه تعدادشـان کـم نبـود بسـپارد. بـه هرحـال بـه خاطـر احتیـاج، خـود را بـه جهالـت زده نقشـه مقدماتـی طـرح را آمـاده کـردم تـا بـا پـروازی ازغ رب، کالیفرنیـا بـه شـرق و بـه دیـدارش روم، طـرح را از نظـرش بگذرانـم تـا بعـد اطـلاع ازنظـرات و سـلیقه اش وارد مرحلـه ترسـیم جزئیـات و محاسـبات آن شـوم. در روز سـفر پسـرم را بـه کودکسـتانش رسـاندم تـا بـه همسـرم کـه هـر روز صبـح زود میبایسـت برمی‌خاسـت و او را بـه کودکسـتان می‌رسـاند وعصـره هـا هـم برمی‌گردانـد بـا حـذف یـک رفـت یـاری دهـم کـه لااقـل بتوانـد صبحـی دیرتـر ازخـواب برخیـزد. بعـد رسـاندن فرزنـد مصمـم شـدم وقـت اضافـی را تـا سـاعت پـرواز هواپیمـا بـا شـنیدن گفتـار مهاجـر دیگـری کـه او هـم از اسـاتید همـکار و دوسـت در دانشـگاه تهـران بـود

سپری کنم.

در اوان مهاجـرت بـه آمریکا سخنرانی‌ها را غالبا پزشکان مهاجر برپا و دربـاره بیماری‌هـای مـورد توجـه اکثر مـردم چـون قنـد و چربـی خـون سخن می‌گفتنـد. جلسـات شب شعر نیـز تجمـع دیگـری بـود کـه از سـردی غربت می‌کاست، لـذا موضـوع استثنایی گفتار آن دوسـت دربـاره هویت تازگی داشت و بـه همیـن خاطرتصورمی‌کردم تعـداد کثیـری از ایرانیـان مهاجردرجلسـه گفتارش حضور یابنـد وبا توجـه بـه آنکـه محـل سخنرانی خـود را جائی انتخاب کـرده بـود کـه وسعت کافـی نداشت و از طرفـی ماهـا عجـول و بـرای گرفتـن جـا سـعی داریـم از هـم پیشـی گیریـم لـذا زودتـر از سـاعت شـروع گفتارخـود را بـه آن محـل رسـاندم تـا از برخـورد آرنجـی بـه سـینه و یـا فشـاری بـه پهلوکـه مـرا بـه ایـن سـو آن سـو انـدازد مصـون مانـم. منتهـی پیش‌بینـی مـن غلـط ازآب در آمـد و وقتـی وارد سـالن شـدم دیـدم فقط چنـد نفـری کـه احتمـالا آنها هـم چـون مـن دوسـت و یـا منسـوب سخنران بودنـد ایـن جـا و آن جـا چنـد صندلـی را در سـالن اشـغال و تعـدادی نیـز میـز پذیـرایی را کـه معمـولا سـخنرانان یکـی دو جعبـه شـیرینی و پارچـی چـای و یـا قهـوه رویـش می‌گذارنـد محاصـره کـرده‌انـد کـه تـا آغـاز سـخنرانی نیـز سـالن بـه همیـن صـورت باقـی مانـد و گویـا ایرانیـان مهاجـر و یـا بـه روایـت گوینـدگان رادیـو و تلویزیون‌هـای ایرانـی ماعزیـزان، شـوقی بـرای شـنیدن مطالـب دربـاره هویـت نداشتـه‌ایم.

به هر صورت سخنران که راه گریزی نداشت و باید در ساعت اعلام شده شروع به صحبت می کرد سخن آغاز و نیمی از وقت گفتار را با ارائه شواهد و مدارکی به اثبات اصالت نظرات خود درباره این مطلب بحث‌انگیز که همگان در آن می‌توانند صاحب نظری باشند سپری کرد. اصرار او در ثبوت صحت نظرش نشان می‌داد که انتقادات بی‌پایه بسیار شنیده و بی‌شمار زخم زبان به جان خریده است و امکان می‌دهد که مستمعین امروزش نیز یکسونگر و نظراتش را بی‌منطق و یا به هر دلیل چون خودنمایی رد کنند. او به این نکته نیز توجه داشت که وقتی سخن به درازا کشد حوصله ما عزیزان هم به انتها خواهد رسید لذا مطالبش را به کمک پرده و تصویر تلخیص و حتی برای تنوع، رشته سخن را به یکی دیگر از حاضران که گویا او نیز در رابطه با موضوع هویت مطلع بود سپرد که او هم در مقدمه و برای آن که بحث و جدلی پیش نیاید به کرات تاکید داشت که بحث او فرهنگی بی‌طرفانه و غیرسیاسی است. برای کوتاهی کلام ازذکرجزئیات گفتار سخنرانان صرف‌نظر و فقط به این نکته اشاره می‌کنم که هر دو معتقد بودند هویت همانند ریشه درختی است که بدون آن خشک، بی‌سایه، بی‌حاصل، آسیب‌پذیر، بدون ارزش و پذیرای سختی و برش هر اره‌ای می‌شود و در نهایت

هیزم کوره‌ای که خاکسترش را نیز باد خواهد برد. آن‌ها در این نکته نیز توافق داشتند که اگر آن درخت درخاکی که از آن پا

گرفته باقی ماند دوام وشکوفایی خود را حفظ واگر از آن بستر آشنا به جای دیگری منتقل گردد نیاز به توجه بیشتری آن هم مشتاقانه و عاشقانه دارد تا لااقل به موجودیت خودکه معرف ارزش دارندگان آنست ادامه دهد.لذا این ما مهاجرینیم که به هر دلیل از دیارگرم و آشنا فاصله گرفته و امروزه به غربت سرد رسیده ایم باید بار حفظ و نمود هویت خود راکه از ما جدا نیست بر دوش کشیم. در پایان آن جلسه و بعد احوالپرسی به سخنران که معلوم بود از عدم استقبال گفتارش دل آزرده است توصیه کردم که رنجور نماند، منتهی در دفعات بعدی موفق‌ترخواهد بود اگر سازی و ضربی وسفره رنگین تری را چاشنی جلسه‌اش سازد .
سپس ازاوخداحافظی و با عجله خود را به فرودگاه رساندم.

در آن روز بخت یارم بود چه در صف پرواز نیز در پس سه عزیز ایرانی میانه‌سال و مسن مسافر که از گفت و شنود رسای آنان می‌شد دریافت که هموطنند قرار گرفتم . آن‌ها از طعم و بوی ضعیف سیر جزایر کارائیب گله داشتند و آرزو داشتند که جواد نامی به موقع بتواند سیر کالیفرنیا را تهیه و خود را به جمع برساند و آنان را با از دست دادن پرواز غمگین نسازد.

هنوز چند دقیقه‌ای از ذکر آروزی‌شان نگذشته بود که سر و کله مرد میانه سال دیگری که کمی جوان‌تراز بقیه می نمود با پاکتی در دست هویدا که شتاب زده و بدون رعایت نوبت به جمع آن ها پیوست که یکی از عزیزان جمع به او گفت جواد

نگران شده بودیم که به موقع نرسی و با غیبت خود سفر ما را ناقص سازی.

هنوز جمله آن دوست به آخر نرسیده بود که های و هویی از پشت سر و در صف مسافران برخاست. چند مسافر مشترکا معترض بودندکه چرا جواد بدون رعایت نوبت به صف زده است،که اوهم برگشت وبا نیم نگاهی مغرورانه به معنای آن که خفه شویدو به اعتراضتان اهمیتی نمی دهم به گفت و شنود با رفقا ادامه و گفت وقتی شنیدم که محسن دوباره یادش رفته سیر را در چمدان بگذارد از جلوی فرودگاه با تاکسی خود را به نزدیک‌ترین فروشگاه رساندم، سریعا سیر را خریده و با همان تاکسی که راننده‌اش افغانی و از او خواسته بودم منتظرم بماند به فرودگاه برگشتم که رفقا مشترکا او را تحسین و به تشکر از او پرداختند جز یکی که توپ گلفی را مرتبا در بین دو دست جابه‌جا می‌کرد. او گفت:

جواد ممنون از زحمتی که کشیدی اما برادر بهتر است ساخت ماست و خیار را به من واگذار کنی، چون تو شلخته‌ای، از ودکا ریختنت در پیاله‌ها پیداست، همیشه آنها را سرریز و مشروبی را که باید کفاف سفر را کند به هدر میدهی. در این موقع صف ما وارد قسمت حفاظت فرودگاه می‌شود، چمدان‌ها را روی ریل می‌گذاریم وازاطاقک اشعه می‌گذریم. اما پاکت جواد را برای بررسی گرفتند و به مامور دیگری سپردند که او هم آن را باز و بوی تند سیر

چنان پره بینی‌اش را آزرد که سریعا بست و به جواد پس داد و به شوخی گفت نگران نباش دراکولا همسفرت نیست.در زمانی که مامور بررسی مشغول بر رسی بسته سیر بود رفقا هوا را در سینه حبس و در سکوت ونگرانی گذراندندو معلوم بود که نگرانی آنها از آنست که نتوانند سیر راحمل و حفظ کنند.و وقتی مامور سیر را به جواد بر گرداند آنها مسرورو نفس عمیقی کشیدند . بالاخره بعد عبور از راهروی طولانی وارد هواپیما شدیم که درورودی آن مهمانداری زیبارو، خوش اندام و خندانی به مسافرین خوش آمد می گفت.

اوتوجه عزیزان همسفررا چنان جلب ومسخ زیبا ئی خودکرده بودکه گویی با نگاه می‌خواهند او را ببلعند وچون چشم به او بار خود را در قفسه بالای هواپیما می‌گذاشتند بسته‌ها پس و پیش می‌شد و گاه می‌افتاد وکارشان به درازا می‌کشید. اما آنها بدون آن که از انتظار سایر مسافران در پشت سر احساس ناراحتی کنند به کار خود ادامه می‌دادند تا آن که سلانه سلانه در صندلی‌های چرمی و مبله ردیف نخست هواپیما فرو رفتند ومنهم توانستم راه خود را تا صندلی خود واقع در نیمه هواپیما ادامه دهم که در آن جا لوله نقشه طرح را در قفسه بار روی چمدان‌ها گذاشتم، ساک کوچک خود را به زیر صندلی مقابل فشرده و در جنب دو مسافر هم ردیفم بر صندلی کنار راهرو جای گرفتم کمربندم را بستم و نفسی تازه کردم.

آفتـاب غـروب نـور بی‌رمقـی را بـه محوطـه فـرودگاه و از پنجره‌هـا بـه کابیـن هواپیمـا می‌پاشـید. شـنیدم کـه زن مجـاورم بـه مـرد کنـار پنجـره می‌گویـد:

غـروب امـروز چـه غـم انگیزسـت و مـرد پاسخ داد چـون از شـهر خـود دورمی‌شـوی آن را غم‌انگیزمی‌بینـی وگرنـه غـروب همیشـه همیـن طورسـت. راسـتی حـالا می‌توانـی بفهمـی چـه جاذبـه‌ای موجـب می‌شـود هـر سـاله و در روز معینـی بـرگ سـبزی را بـه یـاد ایرلندمـان بـه یقـه کـت می‌نشـانم ویـا کلاه سـبزرنگی بـر سـر میگـذارم.

بـا ایـن جملـه دریافتـم کـه آنهـا بایـد از مهاجریـن ایرلنـدی مقیـم آمریـکا باشـند کـه بـرای مدتـی از محـل سـکونت خـود در کالیفرنیـا کـه بـه آن دیـار هـم خـو کرده‌انـد فاصلـه می‌گیرنـد. سـر را بـر پشـتی صندلـی خـود تکیـه دادم. چشـم‌ها را بسـته و می‌اندیشـیدم کـه در آن روز چـه آموختـم، نکاتـی از مطالـب هویـت آنچنـان فکـرم را اشـغال کـرده بـود کـه بی‌بـو و بی‌خاصیـت بـودن سـیر جزایـر کارائیـب را نیـز بـه هویـت بربـاد رفتـه آن گیـاه تعبیـر می‌کـردم.

صـدای دلنشـین آن خواننـده سـیاه پوسـت کـه آهنـگ . unforget-table ... (فرامـوش نشـدنی) را می‌خوانـد فضـای کابیـن را پـر کـرده بـود و کلمـات آن بـه انـدوه جدایـی آن دو مسـافر ایرلنـدی از سـرزمین خـود مـی افـزود. احساسـی کـه بـه مـن هـم رخنـه کـرد. لختـی فکـر کـردم کـه نکنـد بـوی سـیرخاصیت آن راداراسـت کـه آدمـی را بـی‌رگ و ریشـه وشـادمان می‌سـازد. بـه خـود گفتـم اگـر از ایـن خاصیـت سـیر

مطمئـن بـودم می‌رفتـم و چنـد پـره آن‌را از آن عزیـزان شـاد مسـافر کارائیـب می‌گرفتـم، مـی‌آوردم و بـه همسـفران ایرلنـدی کنـارم نیـز مـی‌دادم تـا همـه بی‌خیـال و خشـنود سـفر کنیـم.

هواپیما آماده پرواز می‌شد، خلبان بلندگوی کابین را به مهماندار سپرد تا نکات حفاظتی در پرواز را یادآور شود. نمی‌توانستم صدای او را بشنوم چه نوای آن خواننده سیاه و جمله‌ای درترانه او «تو فراموش نشدنی هستی» درحافظه‌ام خانه کرده بود

.... ..unforgettable ...the w......

گلنار دختر صحرا

مادرومادربزرگ «گلنار» هردومستخدم منزل یکی ازخوانین ایل قشقایی بودند .که گلنار نیزدر پس اطاعت از دستور خان و ازدواج با یکی از نوکران او بنام جمشید به جمع آن دو می پیوندد.
بدیهی است چنین پیوند دستوری که زن و شوهر در آن مهری به هم ندارند خانواده‌ای پا می‌گیرد که سرد و غمزده است.
از آنجا که در اجتماعات بسته عشایری، همه از جزئیات زندگی هم آگاه و حتی می‌دانند چه کسی از چه کسی دلگیر، کدامین دختر عاشق کدام مرد و یا کدامین مرد دل در گرو عشق کدامین دختری دارد این فرمان خان ظالمانه تلقی می‌شود چه گلنار شیفته پسر عمویش « فرامز» وجمشیدعاشق «نازنین» دختری از قبیله‌ای دیگر بود .
حاصل این ازدواج نوزادی می‌شود که در یک ماهگی در آغوش مادر و به هنگام عبور از رودی در مسیر کوچ غرق ،ولی مادر را فرامرزکه در پایین همان رودگله خود را از آب عبور میداد نجات می‌دهد. از بد حادثه موقعی که فرامرز گلنار را در بغل گرفته بود تا به کرانه رود رساند جمشید، شوهرش، از راه می‌رسد و با آن که می‌دانست این صحنه تنها به خاطر نجات گلنار شکل گرفته است در گریز از دستورخان آن را به خیانت گلنار تعبیر و به این بهانه از بند وصلتی نخواسته خود را رها می‌سازد .منتهی این

تهمت موجب شدکه دیگر کسی داوطلب ازدواج با گلنار نشود، وفرامرز هم که نمی‌خواست با ازدواج باگلناربه شایعه حقیقت بخشد به طرف او نیامد و خود نیز دیگر ازدواج نکرد.

هم زمان با این اتفاق خان در پس معالجات طولانی موفق می‌شود همسرش را بارور و دختری به دنیا می‌آید که تولد او را هدیه آسمانی تلقی وچون به شیرگاو اعتمادی نداشت واز طرفی همسر بیمارش نیز کمبود شیر داشت به شدت نگران رشد او شده بود که توصیه مادر گلنار برای استفاده از شیر دختر جوان و سالم که بعدغرق کودکش پستانی پر زشیر داشت مشکل را حل کرد. گلنار را از قسمت مستخدمین به قسمت اختصاصی خانواده منتقل و درآنجادر همان شرایطی که همسرخان می‌زیست نگهداری می‌کنند و او عملا بصورت عضوی از خانواده خان در مسکنی آشنا که در آن به دنیا آمده بود درمی‌آید.

در پس حوادث نامطلوبی که گلنار با آن ها روبرو شده بود این تحول برایش شادی آفرین می‌شود به گونه‌ای که مرگ کودک خود را نیز در کنار نوزاد خان « ثریا»بکلی از یاد می‌برد. ضمنا خان از همسرش می‌خواهد که به گلنار خواندن و نوشتن نیز بیاموزد تا اندک اندک بتواند کتاب قصه را برای ثریا بخواند و دیرتر در مشق و درس به او یاری دهد که البته این خواسته دلیل مهمتر دیگری نیز داشت وآن این بود که می‌خواست همسرش را سرگرم سازد تا ازگوشه‌گیری ودر فکر فرورفتن که نشانی از آغاز

بیماری روانی او بود به در آید. گلنار با استعداد هم توانست در مدت کوتاهی خواندن و نوشتن را بیاموزد و بتواند کتب قصه را ابتدا با کندی و سپس سریع‌تر برای ثریا که دیگر او را دخترخود می‌پنداشت بخواند.

با گذشت زمان ثریا زنی زیبا، باهوش و تنها دختری ازخاندان خان شد که به دانشگاه راه یافت و به دنبال آرزوی دیرینه‌اش که کسب تخصص در رشته روانشناسی بود می‌رود. این رشته در نیمه دوره دبیرستان با انگیزه کمک به مادرش که می‌دید پدرش سالی یکی دو بار او را برای مداوای بیماری روانی به فرانسه که خود در آنجا تحصیل و به زبان و تسهیلاتش آشنا بود می‌برد توجه او را جلب کرده بود. دوری مادر به خصوص وقتی که سفرش به درازا می‌کشید ثریا را به شدت دلتنگ می‌کرد. گرچه در اواخر سال اول دانشکده مادرش فوت کرد ولی ثریا به خاطرعلاقه‌ای که به دروس این رشته یافته بود به تحصیل خود ادامه می‌دهد تا به یاد مادر به بیماران روانی دیگری یاری دهد.

خان، پدر ثریا با ورود او به دانشگاه خانه‌ای در تهران، در مجاورت خانه دوستی که تاجر فرش بود و یکی از خریداران هر ساله پشم گوسفندانش اجاره می‌کند و برای راحتی ثریا و خیال خود دایه‌اش گلنار را نیز به تهران می‌فرستد. در دومین شب اقامت ثریا در آن خانه میرزا، آن تاجر همسایه با سومین همسرش « پرستو» که او را در خانه جنب ثریا اسکان داده بود برای خوش‌آمد به دیدار

ثریا و گلنار می‌آیند که در آن شب گلنار با پرستو که به نظر ثریا درسن جوان خود فهیم و مطلع به نظر می‌رسید آشنا و با لهجه محلی با هم گفتگو می‌کنند که این برخورد مقدمه دوستی و دیدارهای مکرر بین آن دو شده و به صمیمیتی خواهرانه بدل میشود به طوری که بی‌پرده محرمانه‌ترین جزئیات حیات عواطف واحساس خود را بهم منتقل می‌کنند .

گلنار این دختر کوه و دشت عادت به تنهایی نداشت که آن مشکل با همسایگی پرستو حل میشود و هر وقت کاری در خانه نداشت و دلتنگ میشد به دیدار او می‌رفت و یا او را به خانه خود دعوت می‌کرد. با هم چای می‌نوشیدند و از هر دری حرف می‌زدند و البته مطالبی را به میان می‌آوردند که شادی آفرین باشد و از ناراحتی‌های حیات بکاهد. ثریا از طریق گلنار با گذشته زندگی پرستو آشنا ودانست که در شانزده سالگی آمیرزا در عوض کمک به رفع مشکل ورشکستگی پدرش با چهل سال اختلاف سن اجازه ازدواج با او را بدست آورده و به عبارتی او را خریده است. منتهی پرستوبه خاطر شدت علاقه به ادامه تحصیل و صرف وقت در تنهایی به خواندن کتاب روی می‌آورد که برادر معلمش تامین کننده کتب برای سرگرمی او بود .

استاد راهنمای ثریا نزدیک به پایان سال سوم دوره تحصیلی به او گوشزد می‌کند که باید به فکر تهیه تز پایان تحصیلی خود افتد و چون می‌دانست تمایل به گرفتن دکترا در روانشناسی دارد

به او توصیه می‌کند که موضوع رساله‌اش را طوری انتخاب کند تا با تحقیقی بتواند آن را بسط و برای درجه دکترا نیز عرضه دارد. که به دنبال این توصیه و بعد اندیشیدن بسیار ثریا به این نتیجه می‌رسد که با توجه به خصوصیات روحی گلنار اومناسب‌ترین نمونه‌ایست که می‌تواندبا بررسی روانش تزخودرا بنویسد. علت اصلی این انتخاب آن بود که در پس آن همه فراز و نشیبی که او در زندگی برخورده بود همیشه شادی و امید را از دست نداده و صدای خنده‌اش فضای خانه را در برمیگرفت که این شادی ناشی از اعتقاد اومبنی برآنکه هرمشکلی در حیات قابل حل است سرچشمه می گرفت و باین خاطرقبول کرده بود در طول آن می‌توان مدام شادمانه زیست. با این برداشت ثریا عنوان تز خود را به این شرح انتخاب می‌کند:

«دلایل پذیرش شادمانه سختی‌ها، از طریق قبول آنها به صورت رکن بدیهی حیات.»

استادش این عنوان را جالب یافت منتهی به او گفت چگونه خواهی توانست فرضیه‌ات را به اثبات رسانی که پاسخ ثریا مبنی بر آن که از زندگی دایه‌ام گلنار و از ضربات روحی او که با حربه لبخند آن ها را منتفی ساخته است مطلعم و با تجزیه و تحلیل آنها و قیاس با احوال کنونی‌اش می‌توانم به نتیجه رسم.

که این توضیح نه تنها استاد را قانع ساخت بلکه دریافت فرصتی استثنایی فراهم آمده که در آن نمونه مورد تحقیق شب وروز در

اختیار محقق است و پیش بینی کرد که ممکن است نتیجه این تحقیق تئوری جدیدی را در روانشناسی عرضه دارد، لذا به ثریا گفت دنبالش را بگیر من هم به تو یاری خواهم داد که ثریا مصمم شد در مرحله نخست آن چه را که از خاطرات گلنار درطی سال‌ها نزدیکی با او به خاطر دارد یادداشت و با پرس وجوی اضافی از او آن‌ها را تکمیل و در دفتر راهنمای تز خود یادداشت کند، تا با جمع بندی آن‌ها به طور نهایی تز شکل گیرد به این خاطر با گلنار قرار می‌گذارد آن چه را که در روز کرده، دیده و یا شنیده در شب با او در میان بگذارد. که با این قرارگلنار نیز مشتاقانه در انتظار فرا رسیدن شب می‌نشست تا با گفتگو با ثریا لختی از تنهایی به درآید. که ما هم با استفاده از دفتر راهنمای ثریا و گزینش برجسته‌ترین نکات حیات گلنار حکایت خود را به این شرح آغاز می‌کنیم :

گلنار، زنی بیوه، سی و چند ساله، ایلیاتی ، دخترصخره وصحراست که به خواست خان از زمزمه آبشار و چشمه سار، از نوازش نسیم دل چسب بر خاسته ازمراتع سرسبز، دور شده و به مراقبت از ثریا دختر خان درچهاردیوار خانه‌ای درشهری نا آشنا و دود زده گمارده و محبوس می‌شود. اما این تغییر به خاطر توانایی روحی و اعتقادات او که در تحت هر شرایطی کمک می‌کرد زمینه شادمانی خویش را دریابد و شاد زید برایش حسرتی به بار نمی‌آورد. به ویژه آن که در کنار ثریا که از بدو تولد دایه‌اش بود می‌زیست

و یـاد یـادآوری دقایقـی کـه او بـر دامانـش می‌نشـت، از پسـتانش شـیر می‌نوشـید و یـا سـر بـر شـانه‌اش می‌خوابیـد برایـش شـادی آفریـن بـود. نظریـه مادربـزرگ گلنـار نیـز کـه در حافظـه‌اش حـک شـده بـود بـه آرامـش و شـادی مـدام او کمـک می‌کـرد. مادربزرگـش معتقـد بـود کـه خـدا هـر کسـی را بـرای کاری آفریـده لـذا مصلحـت در آن اسـت کـه از اعتـراض و ناشـکری بگذریـم مشـتاقانه تـن بـه آن داده و بـا ایـن رویـه ایـام حیـات را بـه شـادی بگذرانیـم و در طـول آن بـا حربـه شـادی هـر مشـکل و حادثـه‌ای را از سـر راه برداریـم.

گلنـار سـعی بـر آن داشـت کـه ایـن نظـر مادربزرگـش را بـه ثریـا نیـز بقبولانـد و در اثبـات آن عنـوان می‌کـرد کـه خداونـد مخلوقـش را دوسـت دارد و درحـل هـر مشـکلی بـه او کمـک و راه شـادی را برایـش بـاز خواهـد کـرد و بـرای نمونـه زندگـی خـود را بـه مثـال می‌گرفـت. کـه خداونـد بـه او کمـک کـرده بـود تـاز موقعیـت خدمـه ای عمـلا عضـوی ازخاندانـی اشـرافی شـود، هم‌زبانـی را بـرای رفـع تنهایـی او در همسـایگی‌اش مسـکن و حتـی سـگ گلـه‌اش ،گرگـی را از ارتفعـات یاسـوج بـه کوچـه‌اش رسـاند. کـه ثریـا پنـد را می‌شـنید ولـی پذیرایـش نبـود و در دل می‌گفـت درسـت اسـت کـه مـا را خـدا آفریـده امـا او توانـی نیـز بـه مـا داده اسـت کـه خـود بتوانیـم راه زندگـی خویـش انتخـاب و ماهیـت آن را خلـق کنیم.بـرای مثـال چـه کسـی گفتـه کـه گلنـار مـادام العمـر بایـد خدمتـکار بمانـد و نتوانـد خـان شـود. اماثریـا هیچـگاه بـا گلنـار وارد جـر و بحـث نمی‌شـد تـا چهـار چـوب اندیشـه او

را که به نظرش فرصتی برای سازندگی حیات دلخواهش نداشت به هم نریزد که البته خواهیم دید او با اراده‌ای استوار این فرصت را به دست آورده و به حیات دلخواهش نیز می‌رسد و نظریه مادربزرگش را به ثبوت می‌رساند.

در شهر نیز گلنار با عادت عشیره‌ای سحرگاهان ازخواب برمی‌خیزد و بعد عبادت به نانوایی سرگذر می‌رود تا برای ثریا سنگگ داغ مورد علاقه‌اش را خریداری کند. او سنگک داغ را برای ثریا می‌خواست و تجدید دیدار با شاطر جذاب دکه را برای‌خود. شاطر هم آن چنان شیفته گلنار با آن قد بلند، اندام ورزیده و متناسب، گیسوی رسیده به کمر و چشمان آهوان رمیده شده بود که اوهم هر روزه با طلوع آفتاب به اشتیاق دیدن مروارید دندان او که به خاطر لبخندی مدام بر متن چهره آفتاب‌زده‌اش تضادی دل نشین می‌آفرید به دکه نانوایی می‌رفت و آرزویش این بود به هنگام دادن سنگک لحظه‌ای دستش دست اورا لمس ویا در موقع خروجش ازدکه به ساق عضلانی پایش که همیشه بدون جوراب وآن دو برگ شبدر که بر آن خال کوبی شده بود خیره بماندو با آن تصویر زیباشبها بخواب رود.

شبی در گفت و شنود شبانه گلنار می‌گوید که امروز هم شاطر نانوای محله را باپرستوزن همسایه دست انداخته و خندیدیم ، ثریا می‌فهمید که توجه این دو زن به شاطر ناشی از کمبودی است که در رابطه با تمایلات طبیعی جنسی خود دارند. گلنار که

سالها تنهاست و پرستوی همسایه هم دارای شوهری مسن با چهل سال اختلاف سن است، که فردای آن شب زمینه‌ای فراهم آمد که در راه دانشگاه ثریابتواند به طور گذرا شاطر، آن چهره زن پسند را از نزدیک ببیند.که با دیدن هیکل متناسب و سیمای جذاب او به آن دو زن حق داد که ازاوگویند تا اضافه برگذراندن وقت و رفع تنهایی موج لذت مطبوعی را درپیکرشان بدواند. ثریا در دل گفت بلاشک زنان همسایه نیزمثل زنان بیشمار دیگری که شوهرانشان آنها را تشت برای شستن، دیگ برای پختن و دایه برای فرزند می‌بینند و توجهی به احساس آنها ندارند هر صبح با اشتیاق دیدن شاطر به نانوایی سرگذر هجوم می‌آورند و احتمالا تمام روز برجستگی بازوان او را که به هنگام در آوردن نان از تنور برآمدگی هوس انگیزی به خود می‌گیرد به حافظه می سپارند. زمینه‌ای که موجب شد ثریا برای اولین بارشاطر را ببیند خرابی تنور نانوایی بود که تا تعمیر آن شاطر بر چهار پایه‌ای بیرون دکه نشسته بود و گاهی قدم میزد. ثریا هر روز در راه دانشگاه از برابر آن نانوایی می‌گذشت اما به خاطر تراکم مشتری در برابر پیش‌خوان دکه نمی‌توانست نانوا را ببیند .

در نشست چند شب بعد که مثل همیشه ثریا از گلنار می‌پرسد روزش را چگونه گذرانده است باز او از دیدارش با پرستو می‌گوید و اشاره می‌کند که ضمن گفتگو نام شاطر به میان آمد و تذکر شوهر پرستو آمیرزای همسایه به او. پرستو گفته بود که آمیرزا از زندگی شاطرغلام آگاه و

می‌داند که اومردی تنها از روستایی در ورامین است که برای خرید خانه و مغازه‌ای به تهران آمده و شب‌ها را تا خرید خانه در دکه نانوایی که خریده است سر می‌کند. و اضافه کرد آمیرزا عصری در راه خانه به دیدارنانوا رفته وبه او تذکرداده که با همسایه‌ها به خصوص بانوان مراقب رفتارخود باشد وگرنه اگرحرفی درآید دکه‌اش را تخته خواهند کرد.

پرستو و گلنار گاهی چنان دریاد شاطردر صحبت خود غرق می‌شدند که رویا برایشان شکل واقعیت به خود می‌گرفت و تصور می‌کردند شاطر در کنارآنهاست و درتصاحب اوبه رقابت تن داده و می‌رفتند که با هم قهر کنند.

عصبانیت پرستو از جملات گلنار بخاطر آن بود که می‌گفت ، شاطر از اوخوشش می‌آید و در این چند سالی که در این محله مقیم و هر صبح برای خرید نان به دکه‌اش می‌رود نه تنها خود او حتی تعدادی از مشتریان نانوایی نیز به این نکته پی برده‌اند و اشاره می‌کرد که به همین خاطر است که سنگگ او را درازتراز معمول می‌پزد و دان شاهدانه وکنجد بیشتری بر آن می‌پاشد. دزدکی نیز که سایر مشتری‌ها نفهمند با هر مشتی که از خمیر برمی‌دارد نگاه نیاز آلوده‌ای به او می‌اندازد. اضافه میکرد هر قدر هم که سرش شلوغ باشد بی‌توجه به غرولند مشتری‌ها نان را خودش برایش می‌آورد و به دستش می‌دهد. من هم دلبری می‌کنم، تا به من نزدیک می‌شود سر نان راگرفته و از دستش بیرون می‌کشم وجه آن را نیز به دستش نمی‌دهم، روی پیش

خوانـــش پــرت و ازدکـــه خـــارج می‌شـــوم کـــه روزی بـــا شـــنیدن ایـــن مطالـــب عاشـــقانه چنـــان حســـادت پرســـتو برانگیختـــه می‌شـــود کـــه شکســـت خـــود را در جلـــب نظـــر شـــاطر در پوشـــش پـــز و افـــاده پنهـــان و می‌گویـــد کســـی غـــلام، ایـــن دهاتـــی بـــی ســـر و پـــا را آدم حســـاب نمی‌کنـــد و بـــرای آن کـــه نشـــان دهدکـــه دلرباتـــر ازگلنـــار اســـت بـــا عصبانیـــت می‌گویـــد مردکـــه چـــه رویـــی دارد، هـــر صبـــح ســـعی می‌کنـــد بـــا مـــن ســـر صحبـــت را بـــاز کنـــد. ولـــی مـــن بـــه اوتوجهـــی نمی‌کنـــم وبخاطـــر بـــی اعتنائـــی مـــن عصبـــی می‌شـــود نانـــم را روی پیشـــخوان می‌انـــدازد و بی‌ادبانـــه می‌گویـــد پولـــت را بگـــذار و برو.مـــن بی‌ادبـــی او را بـــه آمیـــرزا گفتـــه بـــودم کـــه بخاطرگلـــه مـــن بـــه دکـــه او رفـــت وتهدیـــدش کـــرد . گلنـــار کـــه حســـادت پرســـتو را درک کردسیاســـت بـــکار بـــرد و بـــا او هـــم صـــدا می‌شـــود ونظـــر او را در پـــر روئـــی شـــاطر تاییـــد می‌کنـــدو حتـــی میگویـــد بـــه خاطـــر پررویـــی اوســـت کـــه از او خوشـــش نمی‌آیـــد . گویـــا وقتـــی گفـــت و گـــوی آن دو بـــه ایـــن مرحلـــه رســـید مثـــل آن کـــه از خـــواب برخاســـته‌اند بـــه خـــود آمـــده خندیدنـــد و هرچـــه راکـــه بـــه هـــم گفتـــه بودنـــد بـــه ظاهـــر فرامـــوش مـــی کننـــد و گلنـــار برمی‌خیـــزد، بـــه آشـــپز خانـــه میـــرود تـــا چـــای دیگـــری دم کنـــد درحالیکـــه تاســـف می‌خـــورد کـــه چـــرا از نانـــوا انتقـــاد وآن عزیـــزرا متهـــم بـــه پررویـــی کـــرده اســـت .

در آن شـــب طبـــق معمـــول ثریـــا در دفتـــر ارشـــادتز موضـــوع گفـــت وشـــنود آن روز گلنـــار و زن همســـایه را یادداشـــت و در آخـــر آن اضافـــه می‌کنـــد

که به احتمال قوی تاجر همسایه به خاطر عدم اطمینان به همسر جوانش آن هم در خانه‌ای تنها و بودن شاطرخوش برورو و جوانی در همسایگی به دکه نانوا رفته است .

گلنار و پرستو در یکی دیگر از دیدارهای روزانه خود موضوعی را پیش کشیدند که ثریا گفت و شنود آن روز آن‌ها را با جزئیات در مستندات دفتر راهنمای تز درج می‌کند. مطلبی که متعاقبا عینا دررساله‌اش منعکس وجالب ترین قسمت از محتوای آن شد وتوجه بسیاری از روانشناسان را به خود جلب کرد. آن دو دوست در آن روز از شیرین ترین و تلخ ترین خاطرات ایام حیاتشان یاد کرده بودند که در آغاز این گفت وگو پرستو به گلنار می‌گوید تصور می‌کنم از تلخ‌ترین خاطرات تو آگاهم و می‌دانم مربوط به لحظه‌ای است که أمواج رودکودکت را ازآغوشت ربود. که گلنار در جواب می‌گوید در این رابطه باید حقیقتی را با تو در میان گذارم که مرا رنج می‌دهد تا شاید کمک کنی ازرنج آن رهایی یابم و آن این است که برعکس تصور تو و هرمادردیگری نمی‌دانم چرا آن حادثه را بعد مدت کوتاهی به کلی از یاد بردم و هر وقت کسی از آن می گوید به شدت از بی‌تفاوتی خود در این مورد شرمنده می‌شوم. پرستو گفت گلنار ریشه درد تو و من یکی است و به همین خاطر می‌توانم علت آن را برایت روشن سازم که با اطلاع از آن شایدمشکل عاطفی توحل شود.علت اصلی در این نهفته است که علاقه‌ای به پدرکودک خود نداشتی و بدتر

از آن با فرمان کسی به همسری او در آمده بودی و احساس می‌کردی که حتی اختیاری برحیات خودنداری و در اتخاذ مهم‌ترین تصمیم زندگیت که انتخاب همسر و شریکی است دیگری برایت تصمیم و تو را گوسفند دیگری از گله خود دانسته است وهمانطورکه درپشم‌چینی و یا فروش گوسفند أراده اوست که دنبال میشود بتو هم دستور ازدواج باجمشید را داده است . بدیهی است که یاد آوری آن تو را عصبی می‌کند.

تو شوهرت را غریبه‌ای می‌دیدی که به اکراه باید برایش غذا آماده و لباس هایش را بشوری وبا چشم بسته در بسترش برای رفع حوایج غریزی او تن دهی لذا هنگام تر وخشک کردن فرزندت خویش را سرزنش می‌کردی که چرا خود باختی فرارنکردی ونخواسته آن کودک را ساخته ای.اینجاست که احساس تحقیر و خاری به آدمی دست می‌دهد. منصفانه باید گفت که به احتمال قوی شوهرت نیز که به فرمان خان با تو ازدواج کرد احساس و برداشتی نظیر تو داشته است وصرفا تحت فشارغریزه بودکه چون تنها کسی دردسترس بودی و یابخاطرنمایش مردانگی خود به همسایه‌ها در ساخت کودک نقشی ایفا کرده است. برای درک بهتر نظرم احساس خود را به زمانی که تو وزن او را تحمل و او در تلاش بستن نطفه این کودک بود بیاد آور! که گلنارگفت لاشه سرد و سنگینی را چون بختک.

پرستو نیز می‌گوید مشابه آمیرزا برروی من با این تفاوت که

باید چهره پلاسیده ،چشمان مـات وگمشده او را در انبوه ریش در برابر چهـره‌ام و بـوی پیـاز دهـان او را در برابر حفـره بینـی خودتـا وقتـی کـه ارضا شـود و در کنـارم بیافتدتحمـل کنـم و سـپس از صدای خرناسـش تـا صبـح بـه سقف خیـره بمانـم و سحر خسته برخیـزم تـا صبحانـه‌اش را آماده سـازم .گلنـار بـاور کـن گاهـی ازدیـدن آن چهـره در اطاقی نیمـه تاریـک بجـای لـذت وحشت می‌کنـم. آن وقت است کـه مـن هـم دل بـرای خـود می‌سـوزانم وبـه یـاد رعد، آن اسبی کـه از تولـد تـا لحظـه‌ای کـه بـرای سـواری آماده‌اش کردنـد همـراش بـودم می‌افتم.وقتـی کـه بـرای اولیـن بـار زیـن بـر پشتـش می‌بسـتند مـن هـم سـنگینی آن زیـن و هـم فشـار تسـمه‌هایش را بـر شـکم اسـب احسـاس می‌کـردم و تصـور آن کـه سـواری اختیـار دارد آن را بـه هـر سـو و بـه هـر سـرعتی کـه اراده کنـد برانـد و حتـی بـا اوسـت کـه تشـخیص دهـد چـه وقت تشـنه اسـت و در کدامیـن چشـمه و رود و بـه چـه مدتـی می‌توانـد آب بنوشـد آزارم می‌داد.دلـم می‌خواسـت کـه شـیهه‌ای سـر دهـد، بـه صحـرا دود، بـه گلـه اسب‌های وحشـی بپیونـدد و خـود را از بردگـی برهانـد.

بعد مدتی که سکوتی بین آن دو حاکم شد گلنار آن را شکست و گفت مـن هـم نـه تنهـا خـود را چـون رعد بلکـه تمام ایـل را چو آن می‌بینـم کـه تحت فرمان یـک سـوار بـه نـام خـان هستند.

ثریـا بعد ازشـنیدن حرف‌هـای گلنـار و درج آن در دفتـر ارشـادش نظر خـود را دربـاره اثر ایـن گفتگـو برگلنار چنیـن نوشـت کـه او را در آن

شب محـزون دیـدم. گویـی پرسـتو پـرده‌ای ازچشمانش را بـه کنـاری زده بـود کـه او واقعیت و ماهیـت حیـات خـود را روشـن‌تر دیـد ولمـس کـرد و ایـن پرسـش را برایـم پیـش کشـید کـه آیـا هنـوز در قبـول نظریـه مادربزرگـش اسـتوار مانـده اسـت و یـا بـه ایـن نتیجـه رسیـده کـه سرنوشـت‌ها را عقـل رقـم می‌زنـد.

قیافـه متفکـر گلنـار در آن شب نشـان می‌داد کـه در حـال سـبک سـنگین کـردن تصمیمـی اسـت. نبـود خنـده رسایـش فضـای خانـه را سـنگین و غم‌زده کـرده اسـت. می‌اندیشـم کـه اگـر یـک بـاره قالـب اندیشـه و رفتـار خـود را دگرگـون و بـه هـم ریـزد تکلیـف آن همـه تلاشـی کـه بـرای ثبـوت نظریـه رسالـه‌ام کـرده‌ام چـه می‌شـود !؟ بـا خـود گفتـم فـردا کـه جمعـه و در خانـه خواهـم بـود تمـام روز را بـا او بـه گفتگـو می‌نشـینم کـه بـه عمـق افکـار و تغییـرات اندیشـه‌اش پـی بـرم.

ثریـا صبـح روز بعـد بـا صـدای بـاز و بسـته شـدن در کوچـه دانسـت کـه گلنـار مثـل همیشـه و در سـاعت همیشـگی بـرای خریـد نـان بـه کوچـه رفتـه اسـت و حـدس زد کـه بایـد نانوایـی تعمیـر وکارش را آغـاز کـرده باشـد .او تصمیـم مـی گیـرد کـه پـس از خوانـدن آخریـن قسـمت مقالـه‌ای کـه دیشـب ناتمـام گذاشـته بـود بـه آشـپزخانه بـرای خـوردن صبحانـه ونـان سـنگک داغ رود . کـه خوانـدن آن مقالـه بـه درازا مـی کشـد و یکبـاره چشـمش بـه سـاعت دیـواری میافتـد و از غیبـت طولانـی گلنـار بـا یـادآوری حـزن دیشـب او نگـران مـی شـود

بر می خیزد تاحداقل به نانوایی برود و ببیند چه پیش آمده است!! ولی به محض خروج از خانه چهار پایه نجار را مقابل دکه‌اش دید و گرگی را که در آنجا به انتظارنشسته بود. گرگی یکی از سگهای ولگرد محله است ، که گلنار نام سگ گله اش «گرگی» را بر او نهاد.

دانست که نانوایی هنوز پخت نمی‌کند و گلنار در دکه است که بااین تصور نگرانی او به دلهره بدل شده بود که ناگهان گلنار و شاطر را می‌بینند که شانه به شانه هم از مغازه بیرون آمده‌اند و گرگی به دنبال به سوی خانه می‌آیند.

بودن آن دو با هم و با علم بر آن که گلنار هنوز رابطه نزدیکی با شاطر برقرار نکرده بود او را متعجب ساخت اما ایستاد و صبر کرد تا آن دو برسند. شاطر به محض رسیدن به ثریا سلام گفت و گلنار با سر به شاطر اشاره وگفت غلام آمده است که موضوعی را با تو در میان گذارد بهتر است به خانه رویم تا همسایه های کنجکاو و فضول با دیدن غلام نیایند و به دور ما حلقه نزنند که ببینند چه خبراست. ثریا در پیش و آن دو در پشت سر وارد خانه و سپس به آشپز خانه می‌روند در آن جا غلام بریده بریده

ازخجالت با لهجه محلی خود می‌گوید آمده‌ام بپرسم که آیا اجازه می‌دهید با گلنار زندگی مشترکی را شروع کنیم و گلنار به جمله او اضافه و می‌گوید وقتی غلام به من پیشنهاد این پیوند را داد در پاسخ گفتم اگر زن و فرزندی نداری من هم حرفی ندارم.

ثریا به گلنار گفت آیا معنی پاسخ توآن است که فقط چون او زن و بچه ندارد به او ترحم وهمسرش میشوی!!؟ که گلنار شتاب زده ولی با خجالت میگوید نه نه منظورم این نبود من او را آنقدر دوست دارم که اگر می‌گفت زن و بچه هم دارد باز زنش می‌شدم. در این موقع ثریا که نگاهش متوجه صورت شاطر بود می‌بیند که با جمله گلنار چشمانش از شادی و غرور مرطوب شده‌اند. ثریا که مطمئن بود پدرش به خاطر مداخله در ازدواج اول گلنارکه او را با مصیبتی سنگین روبرو ساخت و اضافه بر آن حیات تنها فرزندش را مدیون اوست بلاشک با این ازدواج توافق خواهد کرد به هر دو تبریک گفت منتهی اشاره کرد که اجازه نهایی با خان است.

او چندی دیگر به تهران خواهد آمد تا ما را در تعطیل تابستان به ایل برد. در آن وقت خودم موضوع شما دو نفر را با او در میان خواهم گذاشت. ضمن آن که در دل دخالت خان را در تصمیم این دو فرد بالغ به بدخالت تعبیر می‌کرد. صحبت وقتی به اینجا رسید غلام خداحافظی کرد و رفت. ثریا و گلنار تنها ماندند که ثریا به گلنار می‌گوید قشقو پس تو با شاطر سر و سری داشتی و به من نمی‌گفتی. ثریا از کودکی گلنار را قشقو صدا می‌کرد.

گلنار گفت باور کن من تا امروز کلمه‌ای با او صحبت نکرده بودم و حتی سلام او را بی جواب می‌گذاشتم. ثریا پرسید پس امروز رفتی، نه تنها با اوحرف زدی گویا پیشنهاد ازدواج را نیز

تـو بـه او داده‌ای کـه گلنـار خندیـد و گفـت دیشـب کـه تـو بـه اطاقـت رفتـی مـن خوابـم نمی‌بـرد جمـلات پرسـتو بـه شـدت مـرا تحـت تاثیـر قـرار داده و در غمـی سـنگین نشـانده بـود. خـود را ابـزاری می‌دیـدم کـه عمـری هـر کسـی و بـه هـر صورتـی بـه دلخـواه بـه کار می‌بـرد و مـن مثـل همـان تکـه فلـزی کـه ابـزار را بـا آن سـاخته شـد، نـه احساسـی داشـتم و نـه شـکایتی. بـرای نخسـتین بـار احسـاس حقـارت و متعاقـب آن غـم را تجربـه می‌کـردم. تـا دیـر وقـت در آشـپزخانه نشسـته و گذشـته ام را مـرور کـردم .

پـارس سـگ در کوچـه مـرا بـه یـاد سـگ گلـه گرگـی انداخـت کـه سـگ مسـئول و مهربانـی بـود. بـه یـادم آمـد کـه بـر اسـاس رسـم و رسـوم کـوچ در راه ییـلاق غیـر از اسـتراحت در شـب هـا ایـل نمی‌توانـد توقـف دیگـری داشـته باشـد لـذا مامـای پیـر و بـا تجربـه محلـی مراقـب اسـت کـه اگـر زمـان وضـع حمـل زنـی رسـیده باشـد او را از صـف کـوچ خـارج و بـه پشـت درختـی هدایـت کنـد. مامـا مـرا نیـز در پشـت درخـت بلـوط کهنسـالی کـه دیـده نشـوم نشـاند کـه دفعتـا متوجـه شـدم گرگـی نیـز کـوچ را رهـا و در برابـرم سـینه برخـاک غنـوده، چشـم بـه مـن دوختـه و مراقـب اوضـاع اسـت و در آن حالـت آنقـدر ثابـت مانـد تـا کـودک بـه دنیـا آمـد آن وقـت جفـت بچـه را خـورد، محـل را بـا لیسـدن تمیـز، مـن ،نـوزاد و مامـا را بـه قافلـه ایـل هدایـت نمود.مـن بـرای اولیـن بـار عشـق را در چشـمان صـادق آن سـک بوضـوح دیـدم و حسـرت بـردم کـه چـرا نمیتوانـم منهـم کسـی را داشـته باشـم کـه از

شدت علاقه در برابر او زانو زنم وبراو خیره بمانم .

بی‌خوابی خسته‌ام کرده بود که برخاستم لیوانی شیر داغ کردم و نوشیدم تا شاید کمک کند که بخوابم و سپس به اطاق خود رفتم. به محض روشن کردن چراغ چشمم به قاب عکسی که تصویر مادربزرگ و مادرم در آن است و همیشه آن را در هرجایی که مستقر می‌شوم روی طاقچه و یا میزی می‌گذارم افتاد. در کنار آن قاب عکس تو نیز در اولین باری که سوار بر اسب شدی قرار داشت. عکس مادر و مادر بزرگ گویی به من می‌گفتند یادت رفته که در حیات مشکلی نیست که آسان نشود. و عکس تو بر اسب مرا به یاد رعد اسب پرستو انداخت که آرزو داشت اولین سوار بر خودرا بر زمین کوبد ، شیهه سردهد ، به صحرا زند و پا به پای گله اسب‌های وحشی آزادانه کوه و دشت را درنوردد. هم زمان جمله دیگری از پرستو که گفت انسان نیک بخت ، کسی است که سکان زندگی خود را در دست گیرد و ماهیت حیاتش را خود خلق کند که به خود آمدم ، فکرم به درازا نکشید که راه حل مشکل خود را در ازدواج با غلام یافتم و مصمم شدم که به آن دست یابم. من بعداز آن که او دکه را خرید اولین مشتری نانش بودم. نگاهش در همان اولین برخورد مرا تکان داد منتهی در سه چهار سال گذشته گر چه هر روزه نگاه ما با هم گفت و شنودی داشتند ولی لبان ما بسته بود و در سکوتی رویا آفرین از کنار هم می‌گذشتیم تا آنکه به دنبال راه حل مشکلم

خـود بجـای رعدبـه آرزوی پرسـتوجامه عمـل پوشـاندم .افسـار گسسـتم، یـخ بیـن خـود، شـاطر و رسـم و رسـوم سـنتی تحمیلـی را شکسـتم و اولیـن مـزه آزادی را بـا پیشـنهاد ازدواج بـه او چشـیدم.

« راستی ثریا شهامت چه نیروی برتر و افتخار آفرینی است و آزاد بودن و آزاد زیستن چه شیرین و لذت بخش .و این جمله ای بود که ثریا تز خود را با آن به آخر رساند.

جشن مهرگان

از مراسـم قومـی اسـت کـه دویـدن بدنبـال شـکاروغنودن درغاررا در شـان خـود ندانسـتند ،از جمـع وحـوش جـدا ودر پهنـه ای از مـرز چیـن تـا دریاچـه هامـون ، کرانـه خـزرو رود سـیحون ، سـاکن شـدند،پرورش دام و گیـاه پیشـه ونخسـتین درفـش مدنیـت را برافراشـته وزیربنـای تمـدن پـی ریختنـد.

آب درجویبار دوید،خاک را بطراوت کشید،گیاه برآن روئیید دام از گیاه قوت خود جوئید ،وزمینه ادامه حیات آدمی فراهم گردید .

درایمـن ایـن تسلسل مرغ اندیشه پرکشید. چرا وچگونه در پی شناخت رازخلقت وپایه آنچه که قابل دید و لمس است حافظه را در بر گرفت . آنهـا درکاوش رازخلقـت دربطـن گردونـه خورشـید خالـق هسـتی را بدیـده عقـل تجسـم کـه میتـرا و مـزدا نـام گرفـت. نـوری کـه خالـق زمـان، روز،شـب و فصـول اسـت . فصولـی چـون زمسـتان و تابسـتان ،کـه در یکـی زحمـت کشـت اسـت و داشـت و دردیگرلـذت برداشـت کـه سـپاس ازداده هـا را درپوشـش جشـنی درمهرمـاه ، بنـام مهرگان ، بدنبـال آورد.جشـنی کـه زنـان و مـردان ، پیـرو جـوان، شـه و دهقان همـه ازتافتـه ای یـک نـخ و یکسـان درآن پـای کوبنـد ودسـت فشـانند. محـل جشـن کجاسـت ؟ خرمنگاه همـه از محـل و زمـان آن آگاه و محصول همـه انباشـته در آن مـکان تـا خانـدان بـه نسـبت تعـداد

ازآن سهم بر گیرد ، تا گرسنه ای درکلبه ای نماند تاغم ،خواب
ازچشمی نراند وتا زمستان سر آید و تا سبزه و گل بدر آید .

درروزهای جشن درفضائی معطرازسپند، پونه وریحان زخمه برساز
دم درسرنا وضربه بردهل نغمه آفرینند،بشوروشعف جشن افزایند .

جوانان از ترکش تیربر گیرند، زه کمان کشند هدف نشانه کنندوآن
سوارکاران اسب تازند، بند بازها بربند ره پویند کشتی گیرها
شگردنشان دهندوکباده اندازان فضا شکافند وبهترین ها جایزه گیرند

درشب همه سرا پا گوش تا شعرا سروده خوانند ،تاهنرمندا ن آثاری
از گِل وبرچرم عرضه دارند،نقالان پرده اندازند، حکایت گویند و تا شب
به نیمه رسد، مشعل خاموش ،هیمه خاکستر، پلک ها سنگین وبا رویای
جشن درفردا همگان در کلبه های خود به بستر روند.

کاش آدمی وطنش را
مثل بنفشه ها در جعبه های خاک
یک روز می توانست
همراه خویش برد، هرکجا که خواست
شفیغی کدکنی

خور و خاک

درگاه شامگاه

آن گه که آفتاب
ره می برد به خواب
بر چهره می کشد
با بال شب حجاب
با آنکه یک شب است
از هجر روی خاک
بر نیلی افق
خون گرید آفتاب

چون دیده گان غم زده
زآواره ای بدور
از یار و از دیار

از شام تا پگاه

دفترچه سوم

در ملکوت عرش :

روزخدا

عزرائیل با گذشت از رود زمزم پا به جزیره « نور» گذاشت تا به دیدار خداوند نائل آید. در برابر خدا، آن قرص نوربر پرده ای از حریر آبی زانوزده ومنتظر می ماند تااجازه گفتاریابد، که خداوند ازاومی پرسد آیا باز به بنده ای فراری برخورده ای که در گریز از ورود بعالم ابدیت است ؟ مثل گذشته نامش را بگو تا محل اختفایش را به تو نشان دهم .

عزرائیل سر به زیر و دو دست بر سینه به عرض می رساند که آفریدگارا این بار مشکل من آن نیست، آمده ام پیامی برای کسب اجازه ای به شرف عرض برسانم. این پیام از بهشتیان کره ارزن است که دفعتابمحض ذکر کلمه ارزن از ارتعاش پرده متوجه میشودکه خدا را به خنده انداخته است. او که حرف خنده آوری نزده بود متعجب به سکوت پناه می برد تا آنکه خداوند از خندیدن باز ماند وگفت آری حرف خنده آوری نزده ای اما هر وقت به کره خاک اشاره میکنی به جای آوردن نام آن کره سعی داری صفتی را به کار بری که در قیاس با کرات بیشمار و حجیم کائنات کوچکی آن را یاد آور شوی. در ملاقات قبلی هم ازآن به نام کره خشخاش نام برده ای. میدانم پرسشی در دل داری که جرات نمیکنی به زبان آری چه تصور میکنی اگر بیان کنی ، آنرا به حساب دخالت تو در امور خود تعبیرخواهم کرد!!؟ نگران

` نباش چنین برداشتی نمیکنم اما میدانم در پی آنی که بدانی چرا کره خاک را کوچک آفریده واز چه ساکنانش را با این همه مشکل در حیات خود روبرو ساخته ام.

فرشته من شرایط موجب آن شده است. با خاتمه آفرینش کرات مشتی خمیر باقی ماند که با نیمی از آن این کره فرمان را آفریدم که پایگاه ماست و رود زمزم با انشعابات خود سطح آن را به جزایری تقسیم کرده است که یکی همان" جزیره حیات " است که مسکن تو ،دفتر کارت و دروازه ورودی بعرش و دهانه دوزخ نیز در آن قرار دارد و پل صراط آنرا به جزیره جنت مرتبط کرده است. و آن دگر جزیره ،، نور ،، است که کوشک ،گارگاه ،اداراتم در آنست . وبرآن ایستاده ای یکی هم جزیره وسیع ،، پیامبران ،، است که چند هزار پیامبرخود را درآن ساکن کرده ام. از نیمه دیگر آن خمیر اضافی کره خاک را آفریدم آنهم به زمانی که هر یک از کرات را با فواصلی حساب شده درمکان مناسبی در فضا جا داده و تثبیت کرده بودم و دیگر جایی برای کره خاک باقی نمانده بود، من هم نمیخواستم محاسبات خود را از سر آغاز و با جابجایی کرات به منظور تامین فضایی برای کره خاک دوباره دنیا را به هم ریزم و از طرفی با آفریدن آنهمه کرات درفضای بیکران خسته وبی حوصله شده بودم ،لذا کره خاک را به امان خود به فضا پرتاب کردم تا خود در محلی افتد که در محدوده خورشید، خانه دیگرم نشست وازتابش آن مدام آبش بخار و ازآن

کاسته میشود.

ضمنـا خورشـید نیـز مسـیرش را بـدور خـود طـوری تعیـین و تنظـیم نمـوده اسـت کـه گاهـی بـه آن نزدیـک و زمانـی از آن فاصلـه مـی گیـرد. نـا گفته نمانـد کـه از بـی تفاوتـی مـن نسـبت بکـره خـاک شـیطان هـم اسـتفاده وبـه آن نفـوذ کـرده اسـت وچـون بـا حیلـه هـای او آشـنا هسـتم میدانـم در پی آنست کـه سـکنه خـاک را بـه صورتـی در آورد کـه هـر یـک خـود صیـد و هـم صیـاد شـوند. بعبـارت دیگـر اکثـرأ مـدام در اندیشـه آن باشـند کـه چـه کسـی از آشـنا گرفتـه تـا بیگانـه چـه درچنتـه دارد کـه مـی ارزد آنـرا بـه یغمـا بـرد و سپس نگـران آن شـوند کـه کدامیـن کمیـن کـرده ی دیگـری درراهسـت تـا سـر رسـد وآنچـه را کـه ربـوده بربایـد وبـا ایـن إحسـاسِ عـدم تامیـن عمـری را سـپری کننـد.

بدیهـی اسـت کـه ایـن کشـش و کوشـش چنـد رویـی، دروغ، تجاوزوجدایـی را بـه ارمغـان آرد و درنهایـت چنان آشـفته بـازار خفقـان آوری شـکل خواهـد گرفت کـه خاکیـان را از حیات خود بـی زارمنتهی زمینـه را بـرای فرمانروائـی شـیاطین مهیـا مـی سـازد. ایـن موقعیـت اسـتثنا ئـی خـاک اسـت کـه موجـب شـده آن رابصـورت آزمایشـگاهی حفـظ کنـم تـا ببینـم بـه کجا خواهـد رسـید. عزرائیـل حـال کـه علـت خنـده ام و ماجـرای کـره خـاک را دانسـتی اسـم کـره خـاک را بـر زبان آور و نـه صفتـی کـه معـرف کوچکـی آن باشـد ونیزبگـو کـه ایرانیـان بهشـتی از مـن چـه میخواهنـد؟

عزرائیـل بعـرض میرسـاند کـه آنهـا میخواهنـد روزی در سـال را بـه نـام مبارکتـان نامگـذاری و بـا برپایـی جشـنی در آن روزهـر سـال سـپاس خـود را از نعـم اهدائـی ومراحمتـان عرضـه دارنـد واز مـن خواسـتند کـه در ایـن بـاره نظرتـان را جویـا وبـه آنهـا منتقـل سـازم .

خـدا فرمـود مـی دانـم کـه اینهـم یکـی ازشـگرد هـای خاکیانسـت، شـخصی را بدنبـال منافعـی بـا انتخـاب روزی بنـام او مفتخـر و بـه عـرش مـی رسـانندو چنـدی بعـد وقتـی بـه فـرد دیگـری بـر مـی خورند کـه سـود بیشـتری را عایدشـان مـی سـازد بشـدتی او را بـه فـرش مـی کوبنـد کـه اسـتخوانهایش مـی شـکند وچنـان او را فرامـوش مـی کننـد کـه گوئـی أصـلا وجـود نداشـته اسـت .

بـه هـر صـورت چـون آنـان بهشـتی و از معـدود مردمـان پـاک و نـادر آن دیارنـد مـی تواننـد بـا توجـه بـه ایـن نکتـه کـه در ابدیـت نیـازی نیسـت کـه کسـی را رنـگ کرد.فقـط بـرای یـک بـار ایـن جشـن را برپـا دارنـد. ضمنـا بـه فرشـته اخگـر مسـئول جهنـم کـه میدانـم تعـداد زیـادی از سـاکنان همـان خـاک در آن بـه دفعـات میسـوزند بگوئیـد در روزجشـن سـاعتی از سوزاندنشـان دسـت بـردارد. عزرائیـل میدانـی کـه وقتـم بسـیار تنـگ اسـت مـدت بـر نامـه جشـن را کوتـاه سازید جالـب آنکـه یکـی از دلایـل کمبـود وقتـم را نیزبـاز همیـن ایرانیـا ن باعـث شـده انـد کـه هیـچ وقـت ازهیـچ چیـز و از هیـچ کسـی راضـی نیسـتند مـدا م بجنـگ و سـتیز روی مـی آورند،حکومـت عـوض مـی کننـد و وقتـی بنـد را آب داده و بـه بدبختـی مـی افتنـد بـه مسـاجد ،گـور

امامان و امام زاده هائی کـه آنهـا را نمـی شناسـم هجـوم مـی آورنـد تـا نظـرم را جلـب واز آن امکنـه از مـن کمـک خواهنـد .

درحالیکـه عضـوی بـرای اندیشـیدن ، تفکـر و ابـداع در سـر آنهـا نشانده ام کـه توسـط آن بجـای آنکـه نیمـی از حافظـه کمپیوتـر سـماوی مـرا بـا درخواسـت هـای مکـرر خـود پـر کننـد ، مـی تواننـد مشـکلات خـود را حـل و فصـل نماینـد.آنـان بـا داشـتن آن عضـو مسـحور تبلیغـات شـیاطین و بصـورت تشـنه ای در آمـده انـد کـه آب در کـوزه دارنـد ولـی ازبـی خبـری در جسـتجوی جرعـه ای از آن بهـر سـو سـرک کشـیده و بهـر دوز و کلکـی متوصـل مـی شـوند.

عزرائیـل بـا پـوزش از اتـلاف وقـت خـدا بـه جزیـره خـود و از آن جـا بـا عبـور از پـل صـراط بـه جزیـره جنـت میـرود تـا مـژده توافـق خـدا را بـه بهشـتیان و دسـتور خـدا دربـاره دوزخیـان رابـه فرشـته اخگـر پاسـدار دوزخ برسـاند.

بدیهـی اسـت کـه جشـن روز خـدا بایـد جشنـی در خـور آن وجـود مقـدس و والا باشـد، لـذا تمـام فرشـتگان و نیـکان بـا اسـتفاده از طراحـان صحنـه خواننـدگان و نوازنـدگان و طباخـان ماهـر بـه جنبـش و حرکـت برمـی خیزنـد و شـبانه روز بـدون وقفـه مـی کوشـند تـا ایـن جشـن را هـر چـه باشـکوهتر برپـا دارنـد . طراحـان درختـان و کوشـک هـای بهشـت را بـا کـرم هـای شـب تابـی کـه بـه امـر خـدا بزرگتـر و پـر نـور ترشـده انـد چراغانـی مـی کننـد، از پشـته ابـر ارغوانـی گردونـه سـاخته نیـکان سـاکن بهشـت را بـر آن مـی نشـانند و بـا حـور و غلمـان دلخـواه

خود به فضای اطراف میدان مرکزی جنت،، میدان ابدیت،، می فرستند و به باد یاد آور شده اند که در ساعات جشن از سرکشی دست بردارد تا گردونه ها جابجا و پراکنده نشوند وبا گذشت بر پونه ، ریحان وگلهای معطر، بصورت نسیم ملایمی رایحه ای خوش به مشام تماشاگران جشن رساند.

فرشته شیطان را نیز با همراهان ،همه سرشناس، از رجال سیاسی گرفته تا صاحبان ثروت های کلان باد آورده ،همه خودبین، همه حریص وجاه طلب بر پشته ابر سیاه می نشانند و بگوشه ای در فضا می رانند تا از دید آفریدگار پنهان ماند و تا شیرینی جشن را برای آن ذات مقدس تلخ نسازد .

فرشتگان را به دو دسته تقسیم کرده اند، دسته ای که بالها و لباسهای حریر خود را کنده گیسوان را افشان و عریان مکرر به حوض کوثر داخل و خارج میشوند و گاه با حرکات موزون، شنا ،رقص وجست وخیز خود شور و نشاط به جشن می بخشند. دسته کثیر دیگراز فرشتگان را با بالهای نقره ای و تاج طلا به ستاره هایی که از جنت به وضوح قابل رویتند فرستاده میشوند تا با باز و بسته کردن بالها ی خود در زیر انوارخدا ، همگام با چشمک زدن ستا ره ها کائنات را درخشان ، کرات را با حرکات دورانی در مکان های ثابت خود به رقص درآورند و با هلهله سکوت فضا را بشکنند. این ستارگان به هنگام برگشت به جنت، فشرده و نزدیک به هم در فضا خواهند رقصید تا با انعکاس انوار

بر پوشش خود نمائی از آتش بازی را در پهنه آسمان عرضه دارند. نـوای برخاسـته از دوزخ توسـط نوازنـدگان وخواننـدگان خـوش صـدا گـاه بـه صـورت دسـته جمعـی و گاه تـک صدایـی موزیک متـن جشـن را بـه گوشـها مـی رسـانند. بـه ایـن ترتیـب در میـدان ابدیـت و بـا ایـن تـدارکات تنهـا معـدودی مهمـان برگزیـده چـون پیامبـران ابراهیمـی محمـد و موسـی ، مریـم مـادر و مریـم ماگدالـن حضورخواهنـد داشـت. محمـد و موسـی بـر عکس پیـروان خاکـی خـود بـا هـم دوسـت ودرآن روزبـه گفتگـو مشـغولند واحتمـالا ازاوج بـه آنهـا نگریسـته وبراعمالشـان کـه شـیرینی حیـات را بـه تلخـی بـدل کـرده انـد میخندنـد .

موسـی بشـقابهای اطعمـه و تنـگ هـای اشـربه را یکـی پـس از دیگـری خالـی میکنـد و محمـد از سبد خرمـا دانـه دانـه و در حالـی کـه گوشـه چشـمی بـه حـوض کوثـر بسـته انـد میـل میفرماینـد. پیامبـران دیگـر بـه میـدان ابدیـت دعـوت نشـده انـد ،آنـان در جزیـره خـود بـا جشـن و سـرور جـدا گانـه ای آفریـدگار را سـپاس گوینـد. نوازندگانشـان مینوازنـد ، رقاصـه هایشـان چـون آناهیتـا و کلئوپاتـرا دسـت افشـانی میکننـد ودرپـس ایـن تـدارکات، آفریـدگار ، آن جـام منـور نقـش بـر پـرده آبـی رنـگ وابریشـمین مزیـن بـه پـر پرنـدگان خـاص جنـت بـر بـال جبرئیـل درمیـدان ابدیـت فـرود میآینـد ومـواج جایـگاه خـود را در سـایه بـان درختـی پـر شـاخ و بـرگ انتخـاب ونـزول اجـلال مـی فرماینـد.کـه بـه محـض ورود آن رحمـان و قادرمتعـال ، مسـیح چـون هالـه ای از بدنـه جـام منـور جـدا و بـه موسـی و محمـد ، مـی پیوندنـد

و چمـع پیامبـران ابراهیمـی را کامـل مـی کنـد . دو مریـم نیز از جـا برخاسـته ماگدالـن مشـتاقانه و بـا شـتاب خـود را به مسـیح مـی رسـاند و تنـگا تنـگ در جنـب اومـی نشـیند ومریـم مـادر آهسـته وآرام بـه جـام نورنزدیـک و بعـد تعظیـم در کنارپـرده مقـدس مـی ایسـتد کـه لختـی شـعاعی نـرم نرمـک و بـه آرامـی از جـام منورهویـدا و از سـر تـا بپـا اندامـش را لمـس و نـا پدیـد میشـود.

برنامه جشن با رقص فرشته ها در فضا وبا شکوهی بی نظیر به پایان

میرسد. مسیح دوباره به جام نور ملحق و آن جام بر بال جبرئیل به بارگاه و کوشک خود در جزیره نور بر می گردند.

فـردای آن روز مـاری ماگدالـن و فرشـته اخگـر در باغچـه گل یـاس جنـت بـه هـم بـر میخورنـد و مـاری جویـای رونـد جشـن در جهنـم و دلیـل هـای و هویـی کـه گـه گاه از آن سـمت بـه گـوش میرسـید میشـود!!

اخگرتوضیـح میدهـد کـه درفرصـت کوتـاه خاموشـی آتـش دوزخیـان تـلاش میکردنـد قطعـات هیـزم را از دور خـود برداشـته و روی هیـزم همسـایه انباشـته کننـد تـا وقتـی کـه دوبـاره شـعله بـر مـی خیزدکمتـر سـوزند. کـه ایـن تجاوز و نیـز ربـودن غـذا از دسـت یکدیگر،بـا آن کـه اطعمـه و اشـربه در همـه جـا چیـده و فـراوان بـود موجـب گفـت و

شنود خصمانه و سر و صدا ئی می شدکه بگوشتان می رسید.
ضمنا به محض شروع دو ساعت بخشش آفریدگار جمعی از زنان جمعی ازمردان و جمع دیگری مرکب از مردان و زنان در زاویای دوزخ جمع وبا جسمی نیم سوخته همدیگر را بآعوش کشیدندکه برای فرشته اخگر تازگی داشت و ماری میگوید این نوع از تجمعات رادر کره خاک دیده است و آن تجاوز به اموال وحقوق یکدیگر نیز در کره خاک امری عادیست و به زرنگی ، هوش . ذکاوت فرد تعبیر می شود . سپس برای فرشته اخگر حوصله و صبر آرزو و براه خود ادامه میدهد . که با رفتن اوما هم قصه خود را به بآخر میرسانیم.

آفریدگار خسته

بنده ای پرسید رب متعال ؟ ایکه رحمانی رحیمی، بی مثال
گر که خود هم خالقی می داشتی قادری را کو خدا پنداشتی
هست دردی یا ملالی در دلت تا از او خواهی گشاید مشکلت

پاسخ آمد ، ذره در افلاک ما بسکه باری، دردپس خواهی شفا
خواهم از او تا دهد عمری بمن عمر کوته ، عمر شبنم بّر چمن
تا نبینم بیش ، کردار تو من ای گزیده خط و خوی اهرمن
بسته چندی که تا بگشوده یی راه را گم چاله را بگزیده یی

عقل دادم تا چراغ ره کنی آرزویم زنده روزت به کنی
در کفّ آزو هوس خود باختی تا بدان جا بر حریمم تاختی
اله و یهوه، مسیحم خوانده ای پیروانشان را خونی هم کرده ای
دد بصیدی مدتی ،سیر و رضا اشتهای تو ، ندارد انتها

تا گلیم خویش برگیری ز آب خلق را مسحور سازی باسراب
هم چو سلطانی مرا بنموده ای بنده ام ،ا ز هیبتم ترسانده ای
کارگاهم گرچه یکسان آفرید مرد، زن سرخ وسیه زردوسپید
رنگِ جلد و جنس را دادی بها زین تمایز فتنه‌ها کردی بپا

خطه وخط عرضه داری بیشمار حزب و فرقهِ ریشه کین و نقار
جنگ بر پا ، صلح را دادی بباد یاوری و دوستی، بردی زیاد

از ندانی دیده کور و دل سیاه شهد هستی تلخ کردی و تباه
جو و خاک و آب را آلوده یی گور خود با کرده خود کنده یی
حاصل تلخی میان کشته ام دل شکسته ازتوخسته؛ خسته ام
آرزویم عمر کوتاه و زوال بیش نتوانم که مانم لا ایزال

از چیست

در دور و زمانی
کز قهر طبیعت و ز جوش جمعیت
بر سفره این خاک، نماندست توانی
هر دم رسد از راه ، بگشوده دهانی
پرسیم ، که از چیست ؟
هرگه که بکاریم نهالی ، خشکد ندهد بار
از آب و خاکست
یا خدشه اندیشه ، و یا ازکج رفتار

یابیم :
هر گاه که گفتار و کردار، یسان نیست
چنین است
یا آنکه نظر در پی یاری بکسان نیست
چنین است
یا دل ز سر صدق به کار ضربان نیست
چنین است
انوار محبت زنگه رفته ، عیان نیست
چنین است

گر:
خویش ببینیم ، دگران هیچ
برکشته ما
شاخ تر و برگ و بری نیست
پیوسته
چنین است و چنین است، جز این نیست

او فقط می خواهد

خالق هستی ما
بی نیازست ز قربانی، یا مدح و ثنا
او فقط می خواهد، که بدانی
اثر برتر آنی
و نخواهی برغیر، آنچه کز خود رانی

تا که آن پرده پندار نگیرد لکی
ز سیاهی دروغ ، زاده از نیرنگی
سرخ خونی ، ز ستیز و جنگی
چهر زردی ، ز غم و دلتنگی

او فقط می خواهد
در تو ، در پهنه خاک
خویشتن را بیند
به توان و به روان قادر و پاک

دفترچه چهارم

در حیطهِ سیاست:

مقدمه :

نویســـنده ای انگلیســی بــا تبــار هنــدی بــه نــام Eric Arthur Blair و لقــب نویســندگی George Orwell در جریــان جنــگ جهانــی اول کتابــی را تحــت عنــوان " مزرعــه حیوانــات" بــه رشــته تحریــر درمیــآورد . کــه در آن انســانها را بــه صــورت حیوانــات کشــت وکار و دنیــا را بــه صــورت مرزعــه ای تجســم و حیــات آنهــا را در اسـارت ابـر قدرتـی بـه نمایـش میگـذارد. کـه بـا پایـان جنـگ چـاپ ، بـه چنديـن زبــان ترجمــه و برایــش شــهرتی جهانــی کســب کــرد. حکایــت زیــر بــا اقتبــاس از ســبک «کنایــه» او در نوشــتن و تائیــد نظراتــش نوشــته میشــود، تــا بــه تمایــل خواندنــش بیفزایــد.

حکام جنگل

از لابـلای شـاخ و بـرگ درختـان در جنگلـی انبـوه و نیمـه تاریـک رگـه نــوری تــراوش عســل بــر ســاق درختــی را چنــان درخشــان و عیــان ســاخته بــود کــه خــرس گرســنه و حریصــی را بــه بــالای آن دار مــی کشــاند کــه بــر شــاخی دربرابرکنــدو لــم داده و بــه لیســیدن عســل مشــغول مــی شــود کــه نــا گهــان بــدون آنکــه بــادی وزد و یــا زمیــن لــرزد آن شــاخه بــه هــر ســو کشــیده میشــود و آرامــش او را بــه هــم میریـزد. خـرس بـه خاطـر نگرانـی از دسـت دادن ایـن منبـع رزق فـراوان و آســان شــتاب زده بــه زیرمــی آیــد تــا دربــاره ایــن لــرزش نظــر روباهــی را کــه همیشــه مشــکل گشــای مســائل او مــی شــد جویــا شــود. روبــاه بــه او میگویــد دوســت مــن، خــرس ، نگــران نبــاش، چــه چشــمه عســلت پــا برجاســت منتهــی بــرای راحتــی خیــال مــی توانــی

با بررسی یک به یک شاخه ها ی درخت به علت یا علل تکانش پی بری و حتی مانع تکرار آن شوی .خرس چنین کرد ودریافت عقابی به طمع شکارخرگوشی در بستر جنگل از اوج به سرعت فرود آمده که در نیمه راه باله پروازش در شاخه ها گیر و هیجان زده با جنب و جوشی دیوانه وار در صدد است از آن بند رهایی یابد، اما هرچه بیش می کوشد بیش درگیر و این تلاش اوست که درخت را به لرزش درآورده است که خرس با پنجه های قوی خود و شکستن چند شاخه عقاب را آزاد که این یاری موجب دوستی آندو شد. خرس بعد رهایی عقاب دوباره به هوس خوردن عسل به شاخه کندو میرود و از آن پس بعد هر سیری دهانش را از عسل پر بر برگ پهن موزی خالی وبرای قدردانی به روباه هدیه میکند. .

روزی از روزها، در ادامه گفت و شنودی دوستانه روباه به خرس مژده میدهد که از این پس اضافه بر عسل هر گه که هوس کنی میتوانی خرگوشی را نیز که به صورت هدیه فرستاده میشود به نیش کشی. این هدیه با تکیه به سیاستی که با چشم پوشی از دریدن یک صید سالمندو فربه که نشان میداد زعیمی در آشیانه ایست بدست آمد. با این گذشت آن صید را مدیون کرم خویش ساخته و با او دوست شدم و متعاقبا در تحکیم این دوستی روزانه چند بوته علف تر و تازه را ازمرتع سرسبز حاشیه جنگل از ریشه

درآوردم تـا طـراوت خـود را از دسـت ندهنـد و سپـس بـه دهانـه آشیانه اش رسـاندم و نـاظر و شـاهد آن شـدم کـه چگونـه او و دیگرخرگوشـها حریصانـه بـرای جویدنـش از هـم پیشـی میگیرنـد. از ایـن راه ضمـن جلب اعتمـاد، آنها را به خـوردن آن علوفـه بـه جـای خاشـاک و بـرگ پژمـرده بسـتر جنـگل چنـان معتـاد سـاختم کـه عامـدا هـر وقـت یکـی دو روزی از رسـاندن علوفـه کوتاهـی میکنـم بـه دورم حلقـه زده و ملتمسانه میخواهنـد کـه آن علوفـه لطیـف را بـه آنهـا برسـانم. در ایـن مرحلـه بـه خرگـوش زعیـم و طمـاع گفتـم ، بـرادر در پاسـخ خدمتـم تـو هـم بایـد مهـری ازخـود نشـان دهـی و لااقـل روزانـه یکـی دو خرگوشـی را بـه کمینگاهـم هدایـت کنـی تـا حمایتـم از توتـداوم یابـد و در سـایه آن بتوانـی بـا امنیـت خاطـر در جنـگل رفـت و آمـد، تابسـتانها در گریـز از فضـای خفـه آشـیانه در سـایه هـر درختـی کـه اراده کنـی بیاسـایی، در زمسـتان برصخـره ای کـه از تابـش خورشـید گرمـای مطلوبـی یافتـه لـم و یـا از آب زلال و خنـک چشـمه سـارهای کوهسـتان رفـع تشـنگی نمایـی.

او کـه گویـی از مدتهـا قبـل آرزوی شـنیدن چنیـن پیشـنهادی را در دل داشـت فـورا پذیـرای خواسـته ام شـده و بـی شـرم و تاسـفی بـه عهـد وپیمانـش پـای بندسـت و خرگوشـها را بـه سـویم میرانـد. حتـی بعـد دریـدن هـر خرگـوش مـی پرسـد کـه امـر دیگـری نداریـد تـا بـه اجرایـش کوشـد. خـرس کـه از بـازده طـرح روبـاه بـه وجـد آمـده بـود زیرکـی او را سـتودو گفـت کـه بـی پایـه نیسـت کـه در سیاسـت و رنـگ

کـردن غیـردر کسـب منافـع خویش در جهان شـهره ای و سـپس شـتاب زده رفـت کـه ایـن خبـر را بـه کمـراد دیگـر باشـگاه ،عقـاب برسـاند. منتهـی عقـاب بعـد شـنیدن ایـن خبرمیگویـد گـر چـه ابتـکار روبـاه در خـور تحسـین اسـت امـا نفعـی بـه مـن نمیرسـاند چـه خرگوشـها دریافتـه انـد شـاخ و بـال متراکـم درختـان جنـگل بهتریـن حفـاظ آنهـا از چنـگال مـن اسـت لـذا از حیطـه جنـگل خـارج نشـده و پـا بـه مرتـع بازنمـی گذارنـد تـا منهـم بسـهولت بتوانـم شـکمی ازعـزا بـدر آرم. ضمن آنکـه جوجـه هایـم نیـز درحـال خـروج از پوسـته انـد و بایـد قـوت آنهـا را نیـز بـه میزانـی تامیـن کنـم کـه چـو مـن قـوی و قـادر شـده وبتوانند شـکاری را خصمانـه صیـد، بـی رحمانـه دریـده و وقیحانـه ببلعنـد . کـه خـرس اوف پاسـخ میدهـد نگـران نبـاش روبـاه بـا تجربـه ایکـه در اجیـر کـردن سـران دارد بررهبـر خرگوشـها چنـان تسـلطی یافتـه اسـت کـه بلاشـک میتوانـد مشـکلت را بسـهولت حـل و خرگوشـها را بـه مرتـع کشـاند. حـدس خـرس درسـت بـود چـه روبـاه در مـرز جنـگل و مرتـع خانـواده ای از سـموران را از آشـیانه فـراری و بیخانمـان مـی سـازد. و بـه توصیـه اش رهبـر خرگوشـها بـه پیـش و دیگرخرگـوش هـا بـه دنبـال جایگزیـن سـموران میشـوند و در سـحرگاهان و شـامگاهان بـا چـرا در مرتـع، سـفره رنگینـی را بـرای عقـاب مهیـا میسـازند کـه عقـاب از صیـد آسـان و فـراوان راضـی وخوشـحال میشـود بـه خصـوص آن کـه مـی بینـد خرگوشـها تـا سـایه اش را بـر سـر خـود احسـاس میکننـد بـدون تـلاش و مقاومتـی مسـخ و تسـلیم میشـوند. عقـاب حتـی بـه

خاطر ایـن اطاعـت تصـور میکندکـه بـا دریـدن هـر خرگـوش بازماندگانشـان را مفتخـر و سـرافراز مـی سـازد کـه خـرس مـی گویـد علـت تسـلیم آنـی آنـان ناشـی از تـرس اسـت و نـه کسـب افتخار، منتهـی روبـاه نظـر او را رد و گویـد بعـد سـالها تمـاس بـا خرگوشهـا میدانـم حالـت آنـان از تـرس نیسـت ناشـی از انتظـار بـرای ظهـور دسـت نجـات بخشـی از غیـب اسـت کـه از آسـتین بـدر آیـد چـه بـه خوبـی میداننـد در دام فرصـت طلبـی و خودبینـی وخلاصـه تفرقـه تـوان آن را ندارنـد کـه مشـترکا هـر متجـاوزی را سـرکوب کننـد .

عقـاب در پـس حـل مشکلـش بـه یـاران هشـدار میدهـد کـه چندیسـت از اوج ناظـر جنـب و جـوش حیوانـی تنومنـد، بـا سـری مشـابه اژدهـا و لبانـی همیشـه خندانـم کـه مـدام بـرای خـود و فرزنـدان کثیـرش در پـی صیـد و شـکار اسـت آنسـان کـه گوئـی اشـتهایش پایانـی نـدارد نمیدانـم شـماها نیـز در سـطح جنـگل بـا او برخـورد و یـا تماسـی داشـته ایـد؟ !! اگـر او بـا آن اشـتها بـه رویـه خـود ادامـه دهـد بعـد مـدت کوتاهـی بـرای مـا صیـدی باقـی نخواهدمانـد .کـه خـرس مـی گویـد مـن نـه تنهـا او را دیـده ام حتـی بـا هـم دوسـت و هـم پیمـان شـده ایـم. لبخنـدش را کـه معروفیتـی بیـش از لبخنـد ژوکوندیافتـه دوسـت دارم. چنـد گرگـی نیـز از جنگلیـان در اسـتخدام داریـم کـه در پـی شـکار آهواننـد تـا گـه گاه در سـایه بانـی بـا گوشـت آن هـا بـرای مـا سـور و سـاتی فراهـم آورنـد کـه در آنجـا بـا هـم بنشـینیم و طـرق موثرتـر و پوشـیده تـری را بـرای بـه اسـارت کشـاندن هرچـه

بیشترحیوانات جنگل بررسی و ببینیم در کجا میتوان آشوبی به پا و آبی را برای صیدی بیشتر گل آلوده ساخت.

روباه هم گفت من هم او را اینجا و آنجا در جنگل دیده ام و پیشنهاد میکنم این هیولا را نیز به عضویت باشگاه خود بپذیریم و در اثبات صحت نظرش یادآور پند پدرش میشود که میگفت اگر روزی توان مقابله با قدرتی را نداری با او به جای دشمنی دوستی پیشه کن و اضافه میکند که با این پذیرش به تسلط خود بر جنگل تداوم خواهیم بخشید و از جهتی هر حرکت این غول را شناخته کنترل و در صورت لزوم مهار خواهیم کرد که عقاب به شدت با نظر روباه مخالفت و میگوید نگران نباش مگر از یاد برده ای که زمامداران ممالک مهم پیوندی نا گسستنی برادرانه وپوشیده با هم دارند و برخورد های آنها در اکثر موارد ظاهری و تعبیری مشابه تعبیر مجنون ازبی مهری لیلی دارد. چه لیلی وقتی در جمع مهمانانش فقط ظرف مجنون را می شکند مجنون کار ش را به علاقه او بخود تعبیر و می سراید

اگربا دیگرانش بود مهری   چرا ظرف مرا بشکست لیلی!!!؟

بگذریم از آنکه گاهی حرص و آز و یا جهان گشائی ما را در برابر هم قرار میدهد وبا آسیب کمتری که بهریک از ما میرسد جهانی را به جنگ و ویرانی میکشانیم .همانطور که وقتی نفع مشترکی پیش آید با هم دوست ،هم پیمان و مشترکا به پیش میتازیم .

ما ابر قدرتها مانند زرگر های بازاریم که جنگ آنها ضرب المثل شده است . هریک ازآنها سعی میکند که مشتری دکه همسایه را با بازی قیمت رنگ ویا با وقاحت برباید ولی وقتی منافع مشترک آنها،مثل افزایش مالیات بخطر افتد زیر عنوان صنف با هم همگام و هم پیمان میشوند.

اما روباه از نظرش که فوایدآنرا در گذشته تجربه کرده بود عدول نمی کند و به عقاب می گوید که هان ! دوست بالدارم در حال حاضر هر یک از ما با مسائل اجتماعی پیچیده ای درگیریم بخصوص تو که اخیراً در آشیانه نوبنیادت جوجه های رنگ برنگ با تفاوت های عقیدتی سر از تخم در آرند وتفرقه بین آنها از جدائی گذشته وبه دشمنی رسیده است بگونه ای که گویی زیر پای خود سکو ویا کشورشان را نیز از یاد یرده اند . لذا حال که بند را آب داده ایم مصلحت در آن است تا زمانی که مشکلات خود را حل و قدرت معامله ، مقابله و یا مبارزه را بدست آریم سیاست دوستی رانیزمد نظر قرار دهیم . که عقاب از سماجت و اصرار روباه در قبولاندن نظرش خسته و از اشارات او به واقعیت شرایطش رنجیده .

خاطر می شود ،بال میگشاید اوج می گیرد، نقطه ای شده و ناپدید میگردد وبا پروازش جلسه آن روز یاران جنگل نیز بآخر می رسد. خرس به سوی کندوی عسل و روباه سیربه اقتضای طبیعت به سوی کلبه دهقانی که در آنجا مرغی را نشان کرده

است میروند.

ناگفته نماند تا زمانی که خرگوشها از درازی گوش نکاسته و به دامنه دانش و بینش نیافزایند سلطه حکام جنگل ادامه خواهد یافت مگر آن که بر سر تقسیم منافع به جان هم افتند و همزمان خرگوشها نیز در خواب خرگوشی مسخ نشده باشند تا از آن فرصت کوتاه استفاده و زنجیر اسارت خویش پاره سازند.

سیرت بیمار

خواهم اسبی باد پای
تا که تازم پیش و پیش
پیش تر از غیر وخویش
قدرتی آرم بدست، ثروتی ز اندازه بیش

همچو سالاری نهم
دستار یا تاجی به سر
چهره‌ام برسکه‌های سیم و زر
نام من بر هر گذر
فوج سربازان به دنبال و غلامانم به پیش

پیر دانا ، رهنما
ای که دنیایی نهاده زیر پا، دانی کجا
خطه‌ای کانجا رسانم
دست بر رویای خویش

گفت، رو جایی که آنجا آدمی
از ندانی یا ز ترس
مانده درگور تحمل منتظر
زار و پریش

حکمران آنجا چو گرگ
در لباس و جلد میش
جمله را برکش به نیش
تا نمایی ، هرچه بیش
سیرتِ بیمار خویش

ماتاوس

تاریخ گواه آنست که حکام ممالک از اقلیت‌های نژادی، مذهبی و مهاجر به صورت سپرحفاظتی خود استفاده می‌کنند و هرگاه که لازم شود با زدن اتهامی به آنان برناتوانی‌های خود پرده و یا با آزار آن‌ها احساسات میهنی عامه را تحریک تا به تداوم حکومت خویش کمک کنند. این حیله‌ها گاهی شکل نسل‌کشی به خود می‌گیرند !چون کشتار نزدیک به یک میلیون ارمنی مسیحی در صد و هفت سال پیش توسط حکومت عثمانی و به منظور یکپارچه کردن اعتقادات مذهبی سکنه تحت تسلط خود . و یا در آغاز قرن شانزده در اروپا با شیوع طاعون که نزدیک به نیمی از جمعیت آن دیار را به هلاکت رساند و پادشاهان که توان حل آن مشکل را نداشتند ، اقلیت یهودی را متهم به بروز آن از راه آلوده کردن چاه‌های آب نمودند که موجب شد آن قوم از ترس جان فراری و در دنیا پراکنده شوند. آخرین نمونه در این زمینه نیز چند سال پیش در نسل ما روی داد که حکام بودایی اقلیت مسلمان میانمار را با آتش زدن دهات،

کشتار، سرقت اموال وتجاوز به زنان و دختران ازکشور خود راندند تا میانمار نیز یکپارچه بودایی مذهب گردد.

ماتاوس ارمنی تبار هم که نزدیکانش او را «ماتا» می‌نامند، باقی مانده از خاندانی فراریست. جد او در نسل‌کشی ترکیه یا آناتولی

آن زمان که ارامنه را متهم به جاسوسی کرده بودند ، فرار و با خانواده خود به ایران پناهنده می‌شود.

ماتا از نسل سوم اوست که دکه کوچکی را برای فروش مشروب و کباب در تهران بازکرده است. او مرد میانه سال، قوی و بلند قدیست با چانه‌ای کشیده و مویی پرپشت و سیاه و چشمانی چون دو زیتون سبز که در گودی صورتش نشسته‌اند با نگاهی نگران و در انتظار. نگرانی از آن جهت که چون پدر بزرگ خود در بین قومی با دینی متفاوت ساکن و نمی‌داند چه سرنوشتی در انتظارخود، ژاکلین همسرش و تنها فرزندش مریم است. موج انتظار نهفته در نگاهش نیز مسلما برای رهایی از آوارگی و رسیدن به خاکی است که از آن پا گرفت.

ماتا، مشتریانی عدیده با حرفه وکارهای متفاوتی دارد که اکثرآنان در طول روز به دکه‌اش می‌آیند و خرید می‌کنند میروند. عده‌ای نیز مخفیانه چون آن متولی ناخلف مسجد محله که برای آنکه کسی او را در مشروب فروشی نبیند همیشه به هنگام بستن مغازه از در جنب دکه به حیاط پشت آن وارد می‌شود سیخی کباب دنبلان ویا ماهی اوزون برون را مستقیما ازآتش بدست می‌گیرد و عجولانه تکه تکه با دوری ازلب‌ها که نسوزند آن را از سیخ جدا و با گیلاسی ودکا شتاب زده می‌جود و محتاطانه از همان راهی که آمده خارج می‌شود تا به حجره خود در مسجد رسد.

از مشتریان شاخص و پروپا قرص ماتا، لوطی محله داش صمد

است که با رضا قصاب، که ماتا از طریق خرید گوشت کبابی با او آشنا و این آشنایی به دوستی خانوادگی و نزدیکی رسیده است به همراه چند کشتکار خربزه و یکی دو فروشنده دیگرمیدان میوه وتره‌بار سر شب می‌آیند تا دیر وقت کباب و مشروب می‌خوردند و بعد آن که همه مست و لول شدند می‌روند. غیر مشدی رضا که می‌ماند تا از ماتاوس بپرسد به چند کیلو گوشت یخ نزده و چند تا دل و جگر نیاز دارد که به خاطر کمبود برایش کنار گذارد که با رفتن او ماتا هم دخلش را خالی ودرجبیش می‌گذارد، کرکره مغازه را پایین می‌کشد و به آپارتمان دو اطاق خوابه نزدیک به مغازه‌اش می‌رود تا در صبح زود بعد مثل همیشه با همسرش برای نظافت دکه، قطعه قطعه کردن گوشت تعویض رومیزی‌ها و آماده کردن آتشدان حیاط برگردد و بعد فرستادن همسرش به خانه منتظر مشتری بماند تا ببیند لرد در آن روز چه درآمدی به اوخواهد رساند.

داش صمد، لوتی محله هم به محض آن که پا از در مغازه به بیرون می‌گذارد در حالی که دو دست را چون پرنده آماده به پرواز کمی از پهلوها فاصله داده وگه‌گاه شانه کت گشادش را برنرده خانه‌ها می‌ساید، قدم زنان آواز کوچه باغی سر داده و در کوچه‌ها ناپدید می‌شود .

آوای داش صمد به زنان تنها و سالمندان منازل که می‌فهمند او در آن نیمه شب بیدار و مراقب است آرامش می‌بخشد. همسر

ماتا هم تا آوای داش صمد را می‌شنود می‌داند که ماتا هم در راه هست و چون تمام روز تنها مانده با خوشحالی می‌دود در کوچه را باز و در آستانه‌اش منتظر می‌ماند تا ماتا برسد بوسه‌ای بر گونه‌اش نهد وبا هم وارد خانه شوند و به سوی میز شامی که با ظرافت با دو گیلاس شراب چیده شده است بروند. فرزندشان مریم غالبا در آن وقت تکالیف دانشگاه را تمام به اطاقش رفته و در خواب است.

اکثر مشتریان ماتاوس درروز همسایه‌ها وعابرین هستند که می‌آیند کباب ، ساندویچ کالباس و خیارشور و یا بطری مشروب می‌خرند و می‌روند اما او سه گروه مشتری پروپا قرص عصرانه و شبانه دارد که قسمت عمده درآمدش از آنان است. یکی همان گروه داش صمدست که در فوق به آن اشاره شد و گروه دیگر که آن‌ها را مطلعین نام داده و شامل پنج شش معلم، کارمند دولت و مهندس همسایه بالای آپارتمانش. مهندسی که با اورفت و آمد خانوادگی دارد همانی که گروه خود را مشتری مغازه ماتا نمود. این گروه عصر هر جمعه به طور مرتب دو سه ساعتی در دکه او دور هم جمع می‌شوند و به گفت و شنود می‌پردازند.گروه سوم از مشتریان ماتا که آنها را سازندگان مینامد بنا و نجارو شیشه‌گر و جوشکارند که به طور نامنظم به دکه ماتا برای رفع خستگی می‌آیند. گاهی یکی دو هفته‌ای از آن ها خبری نیست و گاهی در یک هفته ممکن است چند بار در آن دکه مجلس بزم برپا

کنند که مانند دسته داش صمد مشروب زیاد وکباب جور بجور سفارش می‌دهند و درآمد خوبی نصیب ماتا می‌سازند.

بین این سه گروه، گروه مطلعین فقط طالب آبجوی شمس و مجدیه در آن بطری‌های سبزوبلندند که مزه‌اش بادام مجانی روی میزهاست که ماتا ظروف آن‌ها را تمام نشده پر می‌کند. گرچه هر یک سه چهار بطر آبجو می‌نوشند اما در قیاس با گروه‌های دیگر درآمد آن‌ها چندان نیست، ولی ماتا آن‌ها را بیش از دو دسته دیگر دوست دارد.

مطالب مورد بحث وگفت وشنود آن‌ها درباره اکتشافات جدید، تحقیقات فضایی، تغییرات اقلیم، مسائل سیاسی اقتصادی اجتماعی و برخوردهای نظامی برای ماتای محبوس در چهار دیوار دکه جالب و تازگی دارد و اگر قسمتی از مطالب آن‌ها را به خوبی درک نکند با توضیح مهندس همسایه که هفته‌ای یکی دوبار شام مهمان یکدیگرند خواهد فهمید.گاهی نیز که درگفت و شنود شان مطلبی جالب به نظر ماتا مطرح می‌شود اوخلاصه آن را در شب چو قصه‌ای برای همسرش بازگو می‌کند که همسراو هم طوری به مطالب مورد گفتگوی آن‌ها علاقه‌مند شده است که هرغروب جمعه منتظر آمدن ماتاست تا مطالب آن روز جمع مطلعین را چون قصه ای برایش بگوید.

نکاتی که در این جمع مطرح و بسیار مورد توجه ماتا ست مربوط به جنگ ها بخصوص جهانی اول است که خانوده‌اش قربانی آن

شد.

ماجـرای برخـورد قشـون انگلیـس و آلمـان در شـمال افریقـا در جنـگ جهانـی دوم نیزبـرای ماتـا جالـب بودکـه بـرای بهتـر شـنیدنش قـد بلنـدش را خـم و سـر را هم‌ردیـف سـر مشـتریانش قـرار داد. واقعـه جنـگ شـمال افریقـا از آنجـا پـا گرفتـه بـود کـه آلمـان ، از نقشـه حملـه انگلیـس بـا تجهیـزات ولشـکر کثیـری از سـربازان متصرفاتـش بـه منظورایجـاد پایـگاه نظامـی ثابتـی در دو کشـور لیبـی و تونـس بـا خبـر می‌شـودلذا خودلشـکر مجهـزی را حتـی بـا یکـی دو هواپیمـا بـه فرماندهـی ژنـرال رومـل معـروف بـه روبـاه صحـرا در حاشـیه مسـیر حرکـت آنـان مسـتقر و تمـام آن نیـرو را در زیـر شـن پنهـان و بـه شـکل تپـه ای ازصحـرا درمـی‌آورد و در انتظـار عبـور قشـون انگیـس می‌مانـد تـا ناگهـان ظاهـر و بـه میانـه سـپاه آنـان بتـازد و بـا بمبـاران مکـرر لشـکر انگلیـس را متلاشـی سـازد کـه انگلیـس نیـز توسـط مجمعـی ازمصـر از طـرح آلمـان مطلـع و پیشدسـتی می‌کنـد وآن‌چـه را کـه آلمـان درزیرشـن نهفتـه بـود بمبـاران، منهـدم وتلفـات زیـادی بـه سـربازان آلمانـی بی‌خبرومحبـوس درزیـر شـن وارد می‌سـازد.

که روز بعد چرچیل این پیروزی را که یکی از حوادث موثردر شکسـت آلمـان بـود بـا ذکـر تاسـف بـه اطـلاع مجلـس انگلیـس رسـاند کـه چـون در مقدمـه بـا ابـراز تاسـف خبـر پیـروزی را داده بـود مـورد انتقـاد شـدید نماینـدگان مجلـس خـود قرارمی‌گیـرد.

چه آن‌ها درابتدا از تاسف چرچیل تصور می‌کنند که انگیس در

آن جبهـه شکسـت خـورده اسـت کـه چرچیل نمی‌گـذارد ترسشـان
بـه درازا کشـد بـه حـرف خـود ادامـه و ماجـرا را تشـریح و پیـروزی
انگلیـس را اعـلام مـی‌دارد. ایـن نحـوه اعـلام خبـر توسـط چرچیـل
ماتـا را هـم مثـل نماینـدگان مجلـس انگلیـس گیـج کـرده بـود ولـی
توضیـح چرچیـل نماینـدگان مجلـس و هـم ماتـا را روشـن سـاخت.
چرچیل گفته بـود تاسف اودرابتـدای گفتارش تنهـا بـه خاطـر شخص
رومـل فرمانـده قشـون آلمـان بـوده اسـت چـه حـدس می‌زنـد تنبیـه
آن نابغـه اسـتراتژی نظامـی بـه خاطـر ایـن شکسـت توسـط هیتلربـه
قیمـت جانـش تمـام شـود و مـرگ هـر نابغـه‌ای در هـر رشـته‌ای، بـا هـر
تابعیتـی دوسـت ویـا دشـمن وقفـه‌ای درتعالـی دنیـا پیـش مـی‌آورد آن
توقـف تاسـف آورسـت. یکـی دیگـر از مطالبـی کـه ماتـاوس از آن سـر
در نیـاورد نظـرات متضـاد گـروه سـازندگان در رابطـه بـا مـرگ دوسـت
جوشـکاری بـود کـه در پـی ترکیـدن تانـک گاز بـه ابدیـت پیوسـت. در
تجمـع یـادآوری از آن دوسـت در آن روز در دکـه ماتـا همـه دوسـتانش
آمـده بودنـد غیـر از نجـاری کـه بـه تازگـی ارثیـه کلانـی بـه او رسـیده
بـود و اضافـه بـر دکـه ماتـا بـه دفعـات گـروه را بـه خانـه خـود نیـز
دعـوت و شـاهانه از آن‌هـا پذیرایـی می‌کـرد.
در آن جلسـه یـاد آوری دوسـتان یـک بـه یـک از محاسـن مرحـوم
می‌گفتنـد. یکـی عنـوان می‌کـرد کـه مـرد نازنینـی بـود، دیگـری
اضافه می‌کـرد کـه درمهربانی، سخاوت وگذشـت نظیر نداشـت، بـا
بذل و بخشش بود. میگفتند حتی شبی در راه خانه جیب‌های

کت خود را خالی و کت را به گدایی که از شدت سرما می‌لرزید بخشیده و خود تا خانه سرما را تحمل کرده است.

که در این وقت نجار هم که از جوشکار گله‌مند بود وارد و به اظهار نظر می‌پردازد. گله‌اش از جوشکاربه این خاطربود که در ساخت خانه ارثی اشرافیش که عجله داشت تعمیراتش سریع‌به پایان رسد کار خود را برای کمک به اورها نکرده است. که البته علت آن این بود که او اجازه نداشت کار شرکتی را که در استخدامش بود متوقف و به کار غیر پردازد.

اما نجار این توضیح را قبول نداشت و آن را بهانه‌ای بیش نمی‌دانست. نجار گفت رفقا اینقدر او را بزرگ و ستایش نکنید او شخصی بود متظاهر و به قدری در این کار ماهر که همه را رنگ می‌کرد. به درد دیگری جز خود توجه نداشت و بدون نظر و توقعی هم به کسی کمک نمی‌کرد. که یکی از حاضرین که دقیقه‌ای پیش ازخصوصیات او تعریف می‌کرد دنباله حرف او را می‌گیرد و می‌گوید من هم اغلب اوقات احساس می‌کردم که باید متظاهر باشد، در ماجرای آن کت اهدایی تحقیق ودریافتم که آن کاپشن کهنه و سوخته‌ای بیش نبودکه آنرا دیگر نمی‌پوشید، حاضر دیگری اضافه کرد که خدا می‌داند در فرم مالیات برای کم کردن مالیات خود در برآورد ارزش هدایا آن را به چه قیمت بالایی به حساب هزینه‌اش گذاشته است که از گوشه‌ای دیگر

دوستی دیگرکه او هم دقیقه‌ای پیش مداح جوشکار بود می‌گوید مسلما بیش از قیمتی که آن را خریده بود.

خلاصه آن‌که همه آنهایی که چند دقیقه پیش ازجوشکار تعریف می‌کردند برای جلب رضایت نجار نوکیسه با او هم صدا به عیب گویی ازجوشکار پرداختند که این تضاد و دورویی ماتا را سر درگم ، متعجب و مبهوت کرده بود و نمی‌دانست آن را چگونه تعبیر کند. ملخص آن‌که ماتا، بعد سال‌ها سختی و دربه‌دری تازه داشت آرامشی پیدا می‌کرد که یکباره زندگی او به هم می‌ریزد. اشاره شد که بعضی از شب‌ها متولی مسجد محل مخفیانه به پشت حیاط دکه، وارد و بعد نوشیدن گیلاسی مشروب و خوردن کبابی محتاطانه خارج می‌شد. شبی اوقمقمه به دست آمد و ازماتا خواست که آن را گیلاس گیلاس با ودکا پر و به تعداد گیلاس‌ها با او حساب کند. ماتا هم به او گفت که این کار قانونی نیست و فقط می‌تواند مشروب را دربطری سربسته برای بردن به بیرون

به فروش رساند و به اصرار خواهش و تمنای او توجهی نمی‌کند تا آن که او مجبور می‌شود بطر کامل مشروب را خریداری کند. او شب‌های بعد نیزگویی که گنجی یافته مرتبا می‌آمد تندتند دو سه سیخ کباب را بدون مشروب می‌خورد و درآخر بطری مشروبی در بسته خریداری و می‌رفت.

چند روز بعد مریم دخترش که به سال سوم در رشته فلسفه

رسیده بود برای برداشتن دوچرخه‌اش که به خاطر کوچکی آپارتمان محل سکونت درحیاط پشت مغازه پدرش می گذاشت از در جنب مغازه همان راهی که متولی مسجد می‌آمد وارد می‌شود و در باریکه‌ای که حیاط را به در خروجی متصل می کرد چشمش به چندین بطرخالی مشروب می‌افتد که به پدرش توصیه می کند آن‌ها را هر جه زودتر از سر راه بردارد تا مسئله‌ای برایش پیش نیاید.

ماتا از این اطلاع متوجه می‌شود که متولی در آن باریکه مشروب را در قمقمه خالی وقمقمه را درجیب عبایش پنهان و می‌رود و توجهی به آن ندارد که ممکن است برای او مشکلی پیش آید. لذا بسیار عصبی می شود وفردا شب وقتی که اوآمد، به اومی‌گوید ببین امشب سیخ کباب و مشروب مهمان من هستی اما دیگر این طرف‌ها پیدایت نشود. آن قمقمه نظامی که معلوم نیست آن را چگونه به دست آورده ای بیشتر مرا به تو مشکوک کرده است . به نظر می‌رسد که بطری مشروب را هم برای شخصی که پولش را می‌دهد خریداری می‌کنی و چون مفت است از نوشیدن مشروب در این جا منصرف و از گیلاسی به سرکشیدن بطری رسیده‌ای. که او گفت آن را برای دوطلبه درحجره خریداری می‌کردم تو به من مشروب نفروختی آن‌ها دوستی خارج از مسجد دارند که نمی‌گذارد قمقمه شان خالی بماند و در رابطه با قمقمه اخیرا به خاطر ناامنی ارتش سربازان را به کمک پلیس

فرستاده است که گاهی سربازکشیک شبانه جلوی مسجد از توالت مسجد استفاده می‌کند و گویا شبی یادش رفت که بعد رفع حاجت قمقمه را به کمرش ببندد و جا گذاشت که یکی از طلبه‌ها آن را پیدا و برداشت. یکی دوهفته بعد شبی دوباره متولی به حیاط پشت دکه وارد و از آنجا ماتا را صدا کرد، ماتا با عصبانیت می‌رفت که او را بلند کرده و به خارج پرت کند که با آشفته حالی می‌گوید ناراحت نشو آمده‌ام خبری به تو بدهم و بعد گورم را برای همیشه گم خواهم کرد. این خبر را نیزازآن جهت به تو می‌دهم که به من محبت کرده ای . ماتا که به یاد نمی‌آورد چه محبتی به اوکرده است به گوش می‌ماند و او ادامه می‌دهد که یکی از مدرسان مسجد قمقمه را پیدا و از بویش فهمید که مشروب در آن ریخته شده و قرار است مقام بالاتری به مسجد آید تا موضوع را موشکافی کند. امکان دارد که او برای پرس وجو به تو که تنها مشروب فروش محله‌ای نیز سری بزند.

خواستم که آماده‌ات کرده باشم و ضمنا به مسیح قسمت دهم که اگر او به سراغت آید اسمی از من نبری. آن ها نه تنها مرا از مسجد بیرون و از روزی محروم می‌کنند امکان دارد بلایی نیز به سرم آورند.

ماتاوس دریافت که او از ترس به سراغش آمده و نه به خاطر محبت نکرده او، ترسی که یکباره پیکر خود او رانیز فرا گرفت. او ترسیده بود که به ترویج فساد اخلاقی متهم وحتی مشروب

خوری طلبهها را به موارد دیگری چون تلاش در تربیت خبرچین برای جاسوسی تعبیر کنند که میدانست در این صورت نه تنها مغازهاش را تخته و زندگی او را بهم می ریزند، زندان و شکنجه نیز در انتظارش خواهد بود.

ضمن آن که می اندیشید امکان دارد متعصبین نمازخوان مسجد را نیز تحریک تا به مسکن او حمله برند و به زن و فرزندش آسیب رسانند و همان وضعی برایش پیش آید که برای ارامنه دردوره حکومت عثمانی پیش آمد.

وضعی که موجب شد جدش از ترس نیمه شب از خانه و شهر چشم پوشد وبا خانواده فرار کند، شبها را در گورستانی بخوابد تا به مرز کردستان ایران خود را برساند که در آنجا مسیح به او رحم و رادمرد کوردی را در مسیرش قرار داد که تا گرفتن اجازه اقامت در ایران به آنها یاری داد.

آن شب ماتا زودتر از همیشه مغازه را بست و به خانه رفت و چون کسی را نداشت که با او مشورت کند و از طرفی جرات هم نمیکرد که مشکل را با کسی در میان گذارد تا ماجرا را به همسرش اطلاع دهد و ببینند برای رفع مشکل چه باید بکنند. با ذکر ماجرا وحشت سراپای ژاکلین را نیز در برگرفت. او هم به یاد گذشته اجداد خود افتاد و به خاطر مهر مادری با خود میگفت چه بر سر مریم دخترم خواهند آورد.

خواب با چشمان هر دوی آنها بیگانه شده بود. هر صدایی در

کوچـه بـه نگرانـی آنهـا دامـن مـیزد و فکـر آنهـا بـه جایـی نمیرسـید و فقـط بـه ایـن نتیجـه رسـیدند کـه ضمـن جمـع و جـور کـردن وسـایل و مـدارک هویـت خـود موقتـا وانمـود کننـد کـه همـه چیـز عـادی و بـه شـکل همیشـگی اسـت مثـل هـر روز صبـح بـه دکـه رونـد و بـه دختـر خـود نیـز فعـلا چیـزی نگوینـد.

صبـح فـردای آن شـب مـش رضـا بـا چنـد تکـه گوشـت و دل و جگـر از راه مـیرسـد از حـال و روز آن دو مـیفهمـد کـه بایـد اتفاقـی افتـاده باشـد، احوالپرسـی مـیکنـد کـه ناگهـان اشـک ژاکلیـن کـه نمـیتوانسـت ایـن راز را بیشتردرسـینه نگـه دارد بـر گونـهاش سـرازیر مـیشـود و ماتـا هـم کـه دیگررمـق پردهپوشـی برایـش نمانـده بـود بعـد اشـاره بـه ایـن نکتـه کـه رضا تـو تنهـا دوسـت و محـرم نزدیـک مـا در ایـران هسـتی موضـوع را شـکافت و ازاوخواسـت کـه آن را بـه کسـی نگویـدو راه فـراری را بـرای آنهـا پیـش بینـی کنـد.

منتهـی مـش رضـا اجـازه خواسـت کـه مشـکل را تنهـا بـرای داش صمـد کـه قویـا معتقـد بـود مـردی مطمئـن، بـا صفاتـی انسـانی و لوطـی وارسـته ایسـت در میـان گـذارد و بـه ماتـاوس مـیگویـد نگـران نبـاش او رازدار و آنچنـان مدافـع حـق اسـت کـه مطمئنـم اگـر آزاری متوجـه تـو و یـا خانـوادهات شـود در دفـاع از جـان خـود هـم دریـغ نخواهـد کـرد. او همـان کسـی اسـت کـه زوار حـج حفاظـت خانـواده در غیبـت دو سـه ماهـه خـود بـه او مـیسـپارند و بـا گرفتـن نخـی از سـبیل او کـه نشـان تعهـد و شـرف اوسـت بـا خیـال راحـت بـه سـفری طولانـی

می‌رونـد. منهـم بـا آن متولـی مسـجد آشـنا هسـتم سـری بـه مسـجد می‌زنـم تـا ببینـم او چـه خبرتـازه‌ای دارد وسـپس صمـد را پیـدا و بـا هـم برمی‌گردیـم. ماتـا همسـرش را بـه خانـه فرسـتاد و سـاعتی بعـد کـه عمـری بـر او گذشـت رضـا و صمـد بـه دکـه آمدنـد.

مـش رضـا از مسـجد خبـر آورده بـود کـه آن دو طلبـه از تـرس مجازات فـرار کـرده و ناپدیـد شـده‌اند و بعـد سـاعتی گفـت و شـنود داش صمـد می‌گویـد روحانـی بـزرگ شـهربه اومحبتـی دارد، بـه ملاقاتـش خواهـد رفـت و بـا اسـتفاده ازحرفـه مشـروب فروشـی ماتـاوس از او خواهـد خواسـت کـه ماتـاوس مشـروب فـروش وخانـواده اش را را بـه دین اسـلام مفتخـر سـازد .

کـه مـش رضـا و ماتـاوس هردوتعجـب زده بـه او می‌گوینـد دیوانـه شـده‌ای و در برابـر شـیخ از مشـروب نـام میبـری ؟؟

کـه او در جـواب میگویـد نترسـید بـه آیـت می‌گویـم ماتـاوس بـا آگاهـی از فلسـفه اسـلام چنـان شـیفته ایـن دیانـت شـده اسـت کـه می‌خواهدهـر چـه زود تـر حرفـه کثیـف مشـروب فروشـی خـود را رهـا و تنهـا بـه فـروش کبـاب آن هـم از گوشـت گاو و گوسـفندی کـه بـا روش اسـلامی ذبـح شـده باشـد بپـردازد و بـا خانـواده‌اش بـه کیـش مـا درآیـد. ماتـای درمانـده کـه می‌ترسـید آن دوطلبـه فـراری را پیـدا و در زیـر فشـار دریابنـد کـه متولـی مسـجد از کجـا برایشـان مشـروب می‌خریـده و او را هـم بـه صلابـه کشـند بـه ایـن قمـار تـن می‌دهـد منتهـی ازداش صمـد می‌پرسـد اگـر مشـکل مـرا بفهمـد و پیشـنهاد تـو

را نپذیرد آن‌وقت راه گریزی برای ما باقی نخواهد ماند که داش صمد پاسخ می‌دهد در این صورت به او خواهم گفت پس زمانی را که من هر شب و به دنبال جلب توجه و عنایات آفریدگار با رفتن به آن دکه گنه آلوده، کثیف ، دود گرفته غرقه در بوی بد خیارشور و کالباس خوک سپری کردم تا او را با اسلام آشنا وبه فلسفه آن معتقد سازم چه می‌شود.

داش صمد که هنوز ماتا را نگران می‌دید اضافه می‌کند برادر نگران نباش او تقاضای مرا که به هم نیاز داریم رد نخواهد کرد. دسته‌هایی که به همت من در عزا به حرکت در می‌آیند هم از نظر تعداد نفرات و هم میزان اعتقاد شرکت کنندگان بسیار چشمگیرند. آن ها با ضربات شدیدی که با دست به سینه و با زنجیر به پشت وارد و توسط آن عمق ایمان خود را نشان می‌دهند و یا از سر عشق به امام نه تنها قسمتی بلکه سرا پای وجود خود را با گل می پوشانند بیشترین تماشاگران را به خود جلب می‌کنند که به همین خاطر بارها آیت مرا مورد تشویق قرار داده‌اند ولذا از دست نخواهند داد.

بگذریم از آن که می‌داند که تشنگی عزاداران را به هزینه خود با شربت سرد در مسیر رفع و شکم گرسنه‌شان را با پلوقیمه مفصل در مساجد سیر و حتی تعدادی از سرانشان را نیز در پایان روز عزا به حمامی می‌برم که خزینه‌اش گرم ترین و تمیزترین آب را دارد و بر سفره پیش‌خوانش بهترین حلیم مهیاست.

این پذیرایی من است که هر سال به درازی صف دسته‌ام اضافه و به تعداد شرکت کنندگانش افزوده می‌شود که اواز ین توسعه راضی و به آن توجه خاص دارد . بگذریم از صف طولانی خواستاران شله‌زردنذری و مشکل گشای من در روزهای عزا که گاهی راهبندان بوجود می‌آورند ونمی‌تواند از نظرش پنهان ماند. ماتا، برادر، مطمئنم که تو به کیش ما پذیرفته خواهی شد و حتی برای تو که صافی و صداقت و صفای تو از خیلی مومنین بیشتر است نام پدرم رضا و برای ژاکلین نام بانوی با شهامت اسلام زینب صل الله را پیشنهاد می‌کنم. مریم دخترت نیاز به تعویض نام ندارد. طبق معمول ماتا که کمی آرامش یافته بود در شب به ژاکلین که برایش مشکل بود از پیمانش با مسیح بگذرد و مهم‌تر ازآن نگران عکس‌العمل جامعه مسیحت نسبت به خانواده‌اش بود توصیه کرد.فردا که یک‌شنبه است بعد مراسم دعای کلیسا به ملاقات کشیش در دفترش و نه در اطاقک تاریک تطهیر با دیواره جدایی برود تا تغییرات چهره‌اش را در روشنی و در پس ذکر مشکل‌شان و تغییر مذهب به وضوح ببیند و دریابد آیا اثری از خشم و تنفر در چهره او هویدا می‌شود یا خیر و سپس به توصیه اش گوش دهد تا ببینیم چه راهی را باید در پیش گیریم.

کشیش بدون آن که اثری از سرزنش و یا عصبانیت نشان دهد به همسرش گفته بود می‌دانی مسیح و موسی و محمد از یک فامیل و پسر عموی یکدیگرند، ضمن آن که هر سه نماینده یک

آفریدگارند منتها رندانی برای منافع و حب جاء مذهب را وسیله قرار داده و پیروان را به جان هم می اندازند .

بلاشک مسیح مهربان مسئله حیات خانواده‌ات را درک و بلاشک از اقدامتان دلگیر نخواهد شد. حالا لازم بود که ماجرا را ازابتدا تا حال به مریم بگویند وببینند اوچه عکس العملی درتعویض کیش از خود نشان خواهد داد. که مریم بعد شنیدن ماجرا گفت برایم مهم نیست که پیرو چه کیشی باشم. حتی یکی دو بار برای آشنایی همراه با دانشجویان همکلاسی مسلمان به مسجد رفته ام و باز هم خواهم رفت . مریم از کودکی کتاب‌خوان و وقتی کودکان هم سن و سالش به بازی سرگرم می‌شدند او به دنبال گوشه‌ای می‌گشت که کتاب قصه خود را بخواند. در دوره دانشجویی نیز به دنبال آشنایی با فلاسفه وشناخت فلسفه آنان می‌رفت.

مریم که تعصبات و اختلافات مذهبی موجب آوارگی خاندانش شده بود مذاهب و مرز های کشوری را مهم‌ترین عامل اختلاف بین انسان‌ها می‌شناخت و به همین خاطر بعد خواندن کتاب اخلاقیات اسپینوزا فیلسوف قرن هفدهم که در آن منحصرا ازدیانت می‌گوید تحت تاثیر فلسفه او قرار می گیرد و چکیده آن فلسفه راکه (Deus Sive Natura) است ، بر لوحی بدیوار اطاقش نصب کرده بود .. جمله‌ای که ربا های یهودی به خاطر آن اسپینوزا را متهم به ارتداد کرده و حتی قصد قتل او را داشته‌اند.

اسپینوازا معتقد بود که جهان (Universe) از ذره گرفته تا کره و

برپهنه هر کره سنگ، گیاه و حیوان همه از جوهر واحدی که ریشه در طبیعت دارد پا گرفته اند. که در رده حیوان ، انسان با توان بیان ودامان بیکران بینش ارشد است . همانی که بس بسته گشوده ، باله پرواز ساخته ملکوت عرش در نوردیده ، آغاز و آخر حیات را رقم زده و در پس آن به هیچ رسیده است .
که اندیشمند دیگری در پی تشویق شادی و شعور در هر برهه از گذر عمر که با مژه بر هم زدنی پایان می گیرد کامی فراتر رفته ، پرده دری کرده ، سروده ای سروده که در آن بی پروا از خویش می پرسد :
خیام ، که گفت دوزخی خواهد بود !؟

که رفته به دوزخ و که آمد ز بهشت!؟

خلاصه آن که ماتاوس مسلمان می شود و به کمک جمعی که تصمیم او را معرف ارجحیت اسلام بر سایر ادیان به حساب می‌آوردند قرارگرفت ودر دو سال دکه کوچک مشروب فروشی او بدل به چلوکبابی مشهوری در شهر با سالن های وسیع پذیرایی آن هم در مشهورترین خیابان گردید که با به دست آوردن این آرامش و احساس تامین، صادقانه شاکر الطاف و بذل محبت خدا و مسیح و البته بیش از همه لوطی محله داش صمدست.

گاو و گاو باز

در نبردی نخواسته خسته ره ِ رستن ز هرطرف بسته
گاو از گاو باز می‌پرسید بنگه دل زخلق بشکسته
راستی ازچه نامت انسانست
شهرتم چار پایِ نادانست

صبح از شیر ، کام بگرفتی ظهر با گوشت جام بگرفتی
بر شیرین ز کودم از جالیز عصر خوردی قوام بگرفتی
با همه رفتی و به پا کردی
پوستم آمدی جفا کردی

پا گرفته ز من بگو با من پاره‌سازی چرا تو پیکر من؟
دسته تیغ توست شاخ من تا نبرد کف تو چون تن من
بس نبودت هنوز این ایثار
پاسخ لطف چون بود آزار

پرده سرخ تر شد و لرزید گاو خون رفته لب برآن سایید
از خم و پیچ گاو باز زنی زهوس پا فشرد و جامه درید
هوله برخاست ناظران دلشاد
گاو خاموش شد در آن بیداد

دار بر روی خاک بسیارست لیک جنگل یکی پدیدارست
گوشه‌ای رسته آهن وسیمان سوی دیگر گز وسپیدارست
هر چه کمبود و آز افزونتر
جنگلِ کویِ ما نمایان تر

دفتر پنجم

در آزادگی و رهایی

آبی چو آسمان

بار دگر ، بهار از ره رسیده بود
گل بود سبزه بود سرود پرنده بود
با آمد بهاراو هم ز ره رسید
آنجا بزیر سایه تر شاخه های بید
خیره بسوئی نشسته بود
گیسو به دست باد بهاری سپرده بود

نزدیک او شدم، گفتم چگونه است
حاصل امسال کار من
بر شاخ‌ها شکوفه و شادابی چمن

گفتش که باغبان
چشمان من دریچه دیدار بسته‌اند
از زادروز گل وچمن را ندیده‌اند
اما بیا ز لطف با خامه سخن
زین گل به دست من
نقشی به پرده پندار من فکن
از رنگ و شکل و بو
از نام آن بگو

گفتم که پیچکیست، نیلوفرست نام
که سرک می‌کشد به بام
آبیست رنگ آن
آبی چو آسمان

تشبیه آسمان
آن هم برایِ دیدهِ هرگز ندیده‌یی
مه یا ستاره‌یی
شرمنده‌ام نمود، در ماندم از جواب
دانست درد من
با پرسشی دگر
بشکست آن سکوت و رهاندم از آن عذاب

گفت باغبان ز عطر
بر شانه نسیم
یابم بهار آمده، گلها شکفته اند
از باد خشمگین
دانم خزان رسیده و از آشیانه ها
مرغان پریده‌اند

اما تو، باغبان
از موسم خزان، افسرده دل ممان
دانی بر آنچه هست آغاز و آخریست
بنگر به آدمی
در کوره زمان تا پخته می‌شوند
چون خوانده دفتری
در گوشه‌ای فکنده، دگر بسته می‌شوند

دیدم که دیده اش
بهتر ز دیده گانِ گرفتار نقش و رنگ
بگذشته از نگه
به بینش معنا رسیده است

او کوه را ندیده و فرهاد و تیشه‌اش
در یافت شورِ عشق
آیا که ختمِ دفتر او هم رسیده است!!؟

باز هم بهار بود ، گل بود، سبزه بود
سرودِ پرنده بود
نیلوفری دگر، آبی چو آسمان
از خاک رسته بود
اما بزیر سایه تر شاخه های بید
دیگر کسی نبود

درمکالمه ادبا
مقدمه:

در این قصه Johann W Goethe " گوته " شاعر آلمانی را با حافظ که پنج قرن بعد از حافظ می زیست به گفت و شنود می نشانیم .
گوته به سال ۱۸۲۴ میلادی با خواندن ترجمه ای از پور گشتال اطریشی با آثار حافظ آشنا می شود و همانند فیلسوف هم عصر خود " نیچه " چنان تحت تاثیر آزاد اندیشی و محتوای انسانی سروده های او قرار می گیرد ، که می گوید : خواندن آنها به او تولدی دیگر بخشیده است . او حتی برای درک عمیق تر آن سروده ها، فارسی می آموزد .
برای درک میزان شیفتگی گوته به حافظ سروده ای از او را که توسط ادیب حسن شهباز از آلمانی به فارسی و به نثر ترجمه ومن آنرا بشرح زیر به نظم در آورده ام ، از نظر می گذرانم .

حافظ ارچون تو شوم در خط و احساس دمی
گر گه دنیا رسد آخردگرم نیست غمی
کاش هر لحظه به هرجاکه نهادی گامی
بودمی درغم وشادی تو،بی بیش وکمی
گر چو تو مهر بورزم بکنار صنمی
یا که گیرم قدح ازساقی و جامی زخمی
سر فرازم که بیک برهه زعمرم قدمی
بنهادم برهت رسته ز هر پیچ و خمی

تا گفته نماندمتعاقب گوته ،صاحب نظران دیگری چون آندره ژید،نویسنده و برنده جایزه نوبل ، ویکتور هوگو ، نویسنده فرانسوی والت و امیلی دیکسون وRalph Waldo Emerson از شعرا و فلاسفه آمریکایی نیز ، از علاقه مندان به حافظ

بوده اند و امرسون با الهام ازین نیم بیت حافظ که می گوید :

تاج شاهی طلبی گوهر ذاتی بنما مکتبی بنام Transcendentalisem

را در امریکا عرضه میدارد که فلسفه آن میگوید انسان پاک آفریده میشود منتها این جامعه است که او را آلوده می سازد ضمن آنکه اگر أراده کند بازمیتواند خو را اصلاح و به تعالی رسد.

علاقندان آشنا ئی بیشتر باین فلسفه میتوانند به کتاب او

Essay Ralph Walldo Emerson

کـه در سـالهای ۱۸۱۴ و ۱۸۴۴ میـلادی بـه چـاپ رسـید مراجعه کننـد در شـرق نیـز نوائـی شـاعر ازبـک، عصمـت بخارائـی، سـیری جندقی مشفقی و یا در هند سرهندی، ثابت و لاهوری شیفتگی خـود را بـه حافظ نشـان داده انـد وحتـی در تاجیکسـتان دیـوان او را مقـدس میداننـد.

در معرفـی اندیشـه حافظ بحـث و اظهـار نظر بسیارسـت کـه بـا الهـام از آن نظـرات ، سـروده هـای خـود او (کـه باعلامـت ٭ مشـخص شـده انـد)،خیـام ،مولـوی و عطـار بـه صـورت گفت و شـنود او بـا گوته کـه آرزویـش لختـی دیـدار در عـرش بـا حافظ بـود گامـی ناشـیانه برداشـتم و اندیشـه او را بـه شـرح صفحـه بعدترسـیم نمـودم تـا انگیـزه ای بـرای صاحب نظـران در اصلاح و تکمیل آن شـود و ازیـن راه عامـه در یابنـد کـه سـروده هـای او چراغـی در تاریکـی هاسـت و نـه تنهـا دفتـری بـرای طالـع و فـال.

گفت و شنود گوته و حافظ

گوته:

به رؤیا دیدم آن خاکی ، همان رند خراباتی
صبوحی سر کشد در خلوت پیر سماواتی
باو گفتم چه گفتی درنخستین شام درگورت
شدی درجام کوثرمی ملائک نشّه دردورت
که آن گویم فلک را سقف بشکافم ترا جویم
بطرحی نو، سرابی را رها ، راهِ ترا پویم
تو دانی من ندانم آیه ای یا سوره ای از بر
اگر درگردش هفت آسمان آنست بال و پر

حافظ:

بگفت از من نپرسیدند بابی از کتابی را
و درس و مشق ازکیشی و یا خط امامی را
فقط جستند دربگذشته‌ام خوب وخرابی را
و پرسیدند از بد کرده‌ها چون و چرایی را:
چرا دردی کش می‌بودی وخودرندمیخواندی؟
چرا مسحور زیبائی شدی و زان سخن راندی؟
*اسیر چاک پیراهن شدی ز آشفته گیسویی
غزلخوانِ صراحی درکفی ،خوی کرده جادوئی؟
چرا پیران مراد و پیر را ،آزاده بشمردی؟
و از رنگ و ریا یِ زاهدان جُنگی سیه کردی؟
*چه شد دردیرشیدایان، زهر شیدا شدی برتر؟
به کسب باده ای بّرباد دادی،خرقه هم د فتر ؟
*چرا با می‌وضو کردی و محرابت خمّ ابرو؟
درِمیخانه‌ها خواندی نماز وقبله ات هر سؤ؟

بپاسخ گفتمی درجام خور،نقشِ خدا بینم
و پندار نکو را هاله ای از خوی او دانم
ولی هرگز نشد از من بلایی بر کسی نازل
خیالی را نیازردم نشد بشکسته از من د ل
*گَمانم چونکه جامی‌در کفم عمرِمن آمد سر
مرا بردند یکسر ، از خراباتی لب کوثر

واما

از تو گر پرسند نامت، گو که انسانم
ز رنج دوست گریانم ، بدرد غیردرمانم
اگر پرسند کویت را ، بگو از شهرِ بارانم
ره آوردم طراوت، زندگانی را نگهبانم
اگر پرسند سالت را بگو آنرا نمیدانم
چه ازقید زمان آزاد عمری لحظه میخوانم
چو عمر تک حبابی در خمِ رودَ ی شتابانم
و یا ابر نفس‌ها بر تن سردِ زمستانم
اگر پرسند کارت را بگو فرزانه کوشیدم
جلای جسم وجان را بازتاب کار میدیدم
ولی سرور ندیدم بّر سرو فردی بفرمانم
نگفتم مدح کس دورازفریب نام وعنوانم
اگر پرسند ایامت ، بگو دلشاد سر کردم
چوشادی نام هستی بود ازغمها حذرکردم
و گر باری دگر با آتش و با نور آمیزم
ز قعر گوربرخیزم روم آن ره که پیمودم
زدایم کین زدل یکسر،برم رنگ وریا ازسر
گشایم دوستی را در، دهم مرغ صفا را پر
و چون پرسند کیشت را بگودر بینِ ادیا نم
میانی پرده ها پاره بپابوسش ثنا خوانم

تعصب را بلا دانم و خود بینی درآن بینم
وسنگ وسبزه و حیوان ازآن یکتا بپا بینم

در آخرگو:

که خواهم پایِ طوبایی سرا سازم
که از شاخه نبات زآن جا محبت را بیآموزم
همان مهری که چو ابر بهاران می کند خار بیابان گل
و در خم خانه پیران ، نماید سرکه ها را مُل

در این جا پرده ها افتاده هر پوشیده عریان است
دل هر ذره باز و آفتاب آن نمایان است
اشارت در نگاهی نیست ،نی رازی که پنهان است
ز درک معرفت ، اینجا یکی گشتن بس آسان است
چراغ شیخ خاموش است ، اینجا کوی انسانست
ز بی رنگی و صافی ، دوستی را نام ایمان است

مرا اینجا تو خواهی یافت
مرا اینجا تو خواهی یافت

خود را چه بنامیم

زآن دوره که دیدار
درخانه ویا کوچه وبازار
با صدق و صفا ،خصلت ما بود
بریدیم

پیوسته دویدیم و دویدیم ودویدیم
بس بسته گشودیم
هرگام به آشفتگی عصر فزودیم
حالا به نهایت
جز سردی و تنهائی جانکاه
چه دیدم و چه بردیم

گشتیم کلاغی
که به تقلید خرامیدن کبکان
ره رفتن خود نیز زکف داده
ندانیم
خود را چه بنامیم و چه خوانیم.

ماهی تنگ بلور

ماهی تُنگ بلور، تا که بر سفره عید
سبزه و سُنبل دید یاد آورد بهار
برکه‌اش در نی‌زار
زادگاهی که از آن مانده به دور

عید آمد و گذشت
گل بکوشید و بر ریشه فزود
تا که دیواره گلدان بشکست
رفت و در باغچه خانه نشست

سبزه از زخم دم تیغ رهید
رفت در رود فتاد
تا به یک جلگه سر سبز رسید
همره پونه و ریحان روئید

ماهی آن سرخک عید
دید دیوار اگر هم ز بلور
باز هم دیوار است
سد آغوش و در دیده بینا خارست

یافت در بند غنودن به امید
گذرانست نه زیست
چون پی راه گریز، روزنی باز ندید
باله جنباند و جهید
سر به دیواره مکرر کوبید
تا که بی‌جان به کف دام بلورین غلطید
ماهی تُنگ بلور
رست از تنگ بلور

نقد لحظه :

هدیه به خواننده این مجموعه:

اگر شراب خوری، قطره یی فشان بر خاک
از آنّ گناه که نفعی رسد بغیر، چه باک
حافظ

نقدِ لحظه

سرّآمد علم و فنون، ز راز سقف نیلگون   بماند عاجز و زبون و خود فسانه شد فسون
نیافت ساقی جهان، چرا بساغر زمان   دهد شراب ارغوان گهی و گاه شوکران

چو نیست عمر جاودان، شود تمام ناگهان
به نقد لحظه شادمان، بکوب پا و نغمه خوان

پذیر پند پیر را، که رفته رفت و شد نهان   ز دور و نقش بعد آن، نه گفته ایست نی نشان
گناه کن؛ شراب را بخاک قطره یی فشان   چه بیر شدی ز بطن آن و باز، میشوی چو آن

بحال زی و دان که آن غنیمتیست بس گران
به نقد لحظه شادمان بکوب پا و نغمه خوان

گشاد و دیده صبحدم بخنده خند دم بدم   گذر ز فکر بیش و کم، زدا ز تن غبار غم
گذ ز نقش آسّمان، ز مهر یا که قهر آن   به عقل تکیه زن گزان، شگفته راحت روان

بکار کوش چون دهد توان به پیکر و بجان
به نقد لحظه شادمان بکوب پا و نغمه خوان

گذر ز رنگ و از هوس، بعشق رو نما و بس   که بال می دهد به کس، رهاندت ز هر قفس
گذر ز خویش و مهربان، بمان باین هم به آن   ز سود سیری چنان، بخاک آوری جنان

تو آب جویی ی و روان، جهان چو ریگ زیر آن
به نقد لحظه شادمان بکوب پا و نغمه خوان